미디어 리터러시, 디지털 시민성 교육의 중요성이 사회적으로 커지고 있지만, 현장의 교육 내용은 어린이들의 실제 경험과는 동떨어져 공감을 얻지 못하는 경우가 많습니다. 이 책은 실제 사례 연구 결과를 기반으로 하여 어린이들의 현실을 담았습니다. 현직 교사이자 연구자인 저자는 어린이들이 어떻게 온라인 채팅에 관심을 갖고 어떤 경험을 하게 되는지를 설명합니다. 이를 바탕으로 디지털 세상을 현명하게 살아갈 수 있는 방법을 제시하지요. 어린이는 물론 어린이들의 디지털 삶에 관심이 많은 부모와 교사에게도 추천합니다.

_**정현선**(경인교육대학교 디지털미디어교육 전공 교수, 미디어리터러시연구소 소장)

제 동화에는 채팅이 단골 소재로 등장합니다. 그만큼 저는 어린이들의 채팅 생활에 대해 많이 알고 있는 편입니다. 그런데도 이 책을 읽으며 '어린이들이 이렇게나 다양한 채팅을 하고 있다니!' 깜짝 놀랐습니다. 한창 온라인 채팅을 사용하는 어린이에게, 어린이가 채팅하는 동안 문제가 생기지 않을까 걱정하는 양육자에게 참 유용한 책입니다. 무시무시한 사례를 들며 겁만 주는 대신, 어린이가 스스로 안전하고 슬기롭게 채팅 생활을 하도록 안내합니다. 채팅방 검열에 반대하며 스마트폰을 사수하고 있는 우리 아이들에게도 꼭 읽히려고 합니다.

_**황지영**(동화 작가, 『햇빛초 대나무 숲에 새 글이 올라왔습니다』)

책장을 넘길 때마다 신선한 깨달음이 밀려왔습니다. 어른에게 아이들의 '단톡'과 채팅은 항상 불안하고 불편한 영역입니다. 그러나 이 책은 다릅니다. 온라인 채팅을 금기시하기보다 안전하고 지혜롭게 활용하는 방법을 차근차근 안내하지요. 시선을 달리하니 장점이 보이기 시작합니다. 오늘날 아이들에게 필요한 교육이 무엇인지 깊이 고민하게 만드는 값지고 소중한 책입니다.

_**김성규**(17년 차 초등 교사, 『행복한 동화책 수업 99』 저자)

안전하고 슬기로운 온라인 채팅 생활

즐거운 토끼 님이
채팅방에 입장했습니다

우리학교 어린이 교양

즐거운 토끼 님이 채팅방에 입장했습니다:
안전하고 슬기로운 온라인 채팅 생활

초판 1쇄 펴낸날 2025년 4월 14일

글	김세진
그림	우지현
펴낸이	홍지연
편집	홍소연 김선아 김영은 차소영 조어진 서경민
디자인	이정화 박태연 정든해 이설
마케팅	강점원 최은 신예은 김가영 김동휘
경영지원	정상희 배지수
펴낸곳	(주)우리학교
출판등록	제313-2009-26호(2009년 1월 5일)
제조국	대한민국
주소	04029 서울시 마포구 동교로12안길 8
전화	02-6012-6094
팩스	02-6012-6092
홈페이지	www.woorischool.co.kr
이메일	woorischool@naver.com

ⓒ 김세진, 우지현, 2025
ISBN 979-11-6755-316-4 73300

- 책값은 뒤표지에 적혀 있습니다.
- 잘못된 책은 구입한 곳에서 바꾸어 드립니다.
- KC마크는 이 제품이 공통안전기준에 적합하였음을 의미합니다.

만든 사람들
편집 김영은
디자인 이정화

작가의 말

이 책을 읽는
어린이 여러분에게

디지털 시대를 살아가는 우리는 모두 연결되어 있어요. 가까이 있는 친구부터 엄청나게 멀리 떨어진 사람까지 누구와든 실시간으로 이야기를 나눌 수 있죠. **채팅**이라는 마법 같은 도구 덕분에요!

화면을 통해 대화를 나누는 일을 채팅이라고 말하죠? 채팅은 인터넷의 발전과 함께 생겨났어요. 처음에는 단순히 문자 메시지를 주고받는 기능뿐이었지만, 기술이 발전하며 다양한 기능이 추가되었지요. 오늘날에는 글뿐만 아니라 목소리, 영상, 이미지 등 여러 방식으로 소통할 수 있고요. 심지어는 사람이 아닌 인공 지능과도 채팅할 수 있답니다. 이러한 발전 덕분에 우리는 언제 어디서나 사람들과 쉽게 대화할 수 있게 되었지요. 게임을 하면서, SNS를 하면서, 심지어 공부를 하면서도 채팅을 합니다.

그런데 간혹 채팅하는 어린이의 모습에 걱정스러운 시선을 보내는 어른도 있어요. 낯선 사람과 대화해 위험에 빠질 수도 있고, 안 좋은 언어 습관을 가지게 될 수도 있다고 염려하지요. 여러분은 어떻게 생각하나요? 채팅은 어린이에게 정말 위험한 것일까요?

『즐거운 토끼 님이 채팅방에 입장했습니다: 안전하고 슬기로운 온라인 채팅 생활』은 초등학생들의 실제 경험담을 바탕으로 만들어졌어요. 친구들과 신나게 채팅을 즐겼던 순간부터 긴장되고 아찔했던 경험까지 다양한 에피소드로 이루어져 있답니다. 여러분과 같은 어린이들이 실제로 겪은 일을 모아 만든, 현실과 상상의 중간쯤에 있는 이야기라서 더 재미있게 볼 수 있을 거예요.

이 책은 세 가지 부분으로 이루어져 있어요. 첫 번째는 어린이들의 경험담이 담긴 생생한 이야기, 두 번째는 채팅 문화 속 흥미로운 장면을 담은 〈오늘의 채팅방 뉴-스〉, 마지막으로 채팅에 대해 생각해 보고 함께 질문을 나누는 〈함께 이야기해 봐요!〉 코너예요.

어떤 이야기가 펼쳐질지 궁금하다고요? 흥미진진한 온라인 채팅의 세계를 탐험할 준비가 되었나요? 이제 또래 친구들의 이야기를 따라가며 채팅이라는 마법 같은 세상에 흠뻑 빠져 봅시다.

| 작가의 말 | 이 책을 읽는 어린이 여러분에게 4
| 프롤로그 | "즐거운 토끼 님이
채팅방에 입장했습니다." 10

1. 내 고민 좀 들어 주세요_고민 상담방   14

2. 네가 왜 거기서 나와?_고민 상담방   29

3. 육사반의 첫 단톡방_학급 단톡방   44

4. 단톡방에서 시작된 소문_학급 단톡방   58

5. 포토 카드 구하는 게 죄는 아니잖아!_덕질방   72

6. 혹시… '오이'세요?_중고 마켓 채팅방   87

7. 내 게임 실력의 비밀_게임 소통방   101

8. 욕 없이는 안 되겠니_게임 채팅방   112

9. 연애하는 채팅방이 있다고?_연애 수다방   124

10. 가깝고도 먼 우리 가족_가족 단톡방   140

11. 내 진짜 친구 AI 싱싱이_인공 지능 챗봇   153

프롤로그

"즐거운 토끼 님이 채팅방에 입장했습니다."

한여름의 뜨거운 햇살이 방 안까지 깊숙이 스며들던 어느 날, 가영이는 여느 때처럼 집에서 방학 숙제를 하고 있었다. 어려운 수학 문제에 머리를 쥐어뜯고 있으려니 고요한 정적 속 선풍기 소리가 유난히 크게 들려 왔다.

'방학 내내 이렇게 숙제만 하다 끝날 순 없잖아….'

가영이는 올해 6학년이 되었다. 즉, 이번 여름 방학이 초등학교에서 보내는 마지막 방학이란 뜻이다. 마지막이니만큼 여태껏 하지 못한 특별한 무언가를 해 보고 싶었지만, 혼자서는 새로운 일을 시도하기 어려웠다.

친한 친구들은 모두 학원에 갔거나 여행을 떠나서 연락이

닿지 않았으며, 부모님 또한 일 때문에 바쁘셨다. 혼자 시간을 보내는 일에 진절머리가 난 가영이는 괜스레 스마트폰을 만지작거렸다. 그러다 문득 지난주 시온이에게 들었던 이야기가 머릿속을 스쳐 지나갔다.

"오픈 채팅방?"

"응. 수다방이라는 오픈 채팅방에 들어갔는데, 같이 채팅하던 사람들이 너무 재밌는 거 있지? 어제는 그 사람들이랑 새벽까지 채팅하느라…."

"그 사람들이 누군데? 아는 사람들이야?"

"아니, 아는 사람은 아니고 채팅방에서 만난 사람들!"

"응? 모르는 사람들이랑 채팅을 했다고?"

"오히려 더 재밌던데? 다 동갑인 친구들이야. 한번 볼래?"

시온이의 이야기가 머릿속에 자리를 잡았다. 호기심이 발동한 가영이는 스마트폰을 집어 채팅 애플리케이션을 실행했다.
'오픈 채팅방이라고 했던 것 같은데….'
이윽고 다양한 채팅방이 나열된 화면이 나타났다. 가영이는 잠시 망설였다.
'얼굴도 모르는 사람들과 채팅해도 괜찮을까?'
그러나 고민은 잠시였다. 궁금한 것이면 무엇이든 해 보는 호기심 박사 정가영 아닌가. 가영이는 여러 채팅방을 살펴보기 시작했다. 자기 나이를 검색하면 또래가 만든 채팅방에 들어갈 수 있다고 한 시온이의 이야기를 떠올리며, 채팅방 검색창에 '13'을 써 보았다. 검색 버튼을 누르는 순간, 가영이의 눈길을 끄는 다양한 채팅방 목록이 화면에 나타났.
눈이 휘둥그레진 가영이는 어떤 채팅방에 들어가야 하나 고민하기 시작했다.
"그래, 이 방이야!"
가영이가 입장한 채팅방은 어떤 방일까? 과연 그곳에서 무슨 일이 벌어질까?

지금부터 채팅방에서 펼쳐질 모험을 함께 시작해 보자. 가영이를 포함한 6학년 4반 친구들이 각기 다른 채팅방에서 겪는 흥미진진한 이야기가 여러분을 기다리고 있다.

1. 내 고민 좀 들어 주세요

"즐거운 토끼 님이 채팅방에 입장했습니다."

가영이는 '13살 ENFP 고민 상담방'을 선택했다. ENFP는 사람들의 성격을 16가지로 나눈 MBTI라는 심리 유형 중 하나인데, 성격이 활발하고 상상력이 풍부하다는 특징이 있다. ENFP인 가영이는 비슷한 성격의 친구들과 얘기할 수 있다는 설렘을 품고 채팅방에 입장했다.

채팅방 속 가영이의 이름은 '즐거운 토끼'다. 가영이가 직접 지은 이름은 아니고, 채팅 앱에서 자동으로 만들어 준 닉네임이었다. 이름이 제법 귀엽게 느껴진 가영이는 별다른 고민 없이 '즐거운 토끼'로서 채팅방에 입장했다.

 가영이를 환영하는 첫 메시지는 '채팅봇'이라는 자동 응답 메시지였다.

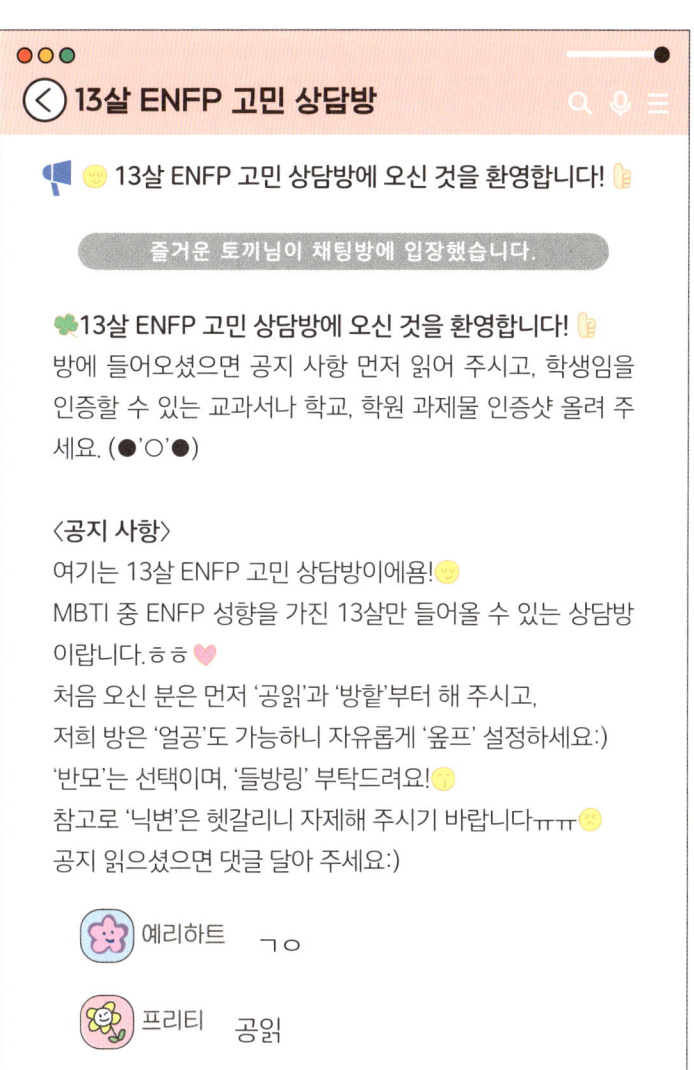

'공읽이 뭐지? 공지…읽기? 방핱… 방 하트! 그리고 얼공은… 얼굴 공개인가? 별걸 다 줄이네. 이건 또 무슨 뜻이야!'

처음 보는 낯선 단어들에 깜짝 놀란 가영이. 외계어 같은 말들의 뜻을 하나씩 추리해 보았지만, 머릿속이 복잡해져서 결국 인터넷 검색창을 열었다. 그리고 정체 모를 단어를 하나씩 검색한 뒤, 그 뜻을 메모장에 적어 정리했다.

정리가 끝난 뒤 용기가 생긴 가영이는 조심스럽게 첫인사를 건넸다.

그러나 채팅방은 조용했다. 가영이는 초조해졌다.

'뭐야, 텃세 부리는 건가?'

화면을 뚫어지게 쳐다보며 기다렸지만 20분이 지나도록 아무런 답장이 오지 않았다. 가영이는 채팅방에서 신경을 끄기로 했다.

한참 뒤 부모님께서 일터에서 돌아오시고 함께 저녁을 먹던 중이었다. 스마트폰 알림이 번쩍 울리기 시작했다. 저녁 시간이 되자 기다렸다는 듯 사람들의 답장이 쏟아진 것이다. 진동이 울릴 때마다 가영이의 마음도 함께 울렸다.

 뽀도리　들방링 부탁드려요!

　채팅방 사람들의 뒤늦은 환영 속에 가영이는 설레는 마음을 품고 대화를 이어 나갔다. '13살 고민 소통방'은 본인이 13살 임을 인증한 사람만 이용 가능하다는 규칙이 있었다.
　'꽤 까다롭게 관리하잖아? 어른들은 못 들어올 테니 오히려 좋지 뭐!'
　조금은 귀찮았지만 나름대로 합리적인 절차 같았다. 들방링 요청에 오픈 프로필 링크를 보내고서, 13살임을 인증할 수 있는 물건이 무엇이 있을까 고민하던 가영이 눈에 책장에 꽂혀 있던 교과서가 보였다. 메모지 한 장을 꺼내 '즐거운 토끼'라고 적은 가영이는 메모지를 교과서에 붙이고 사진을 찍었다.

숨숨에게 답장
국어 교과서 사진으로 인증합니다!

 숲숲   ㅇㅋ 토끼 학생 인증 완료:)

    방장인 '숲숲'의 답변이 금방 달렸다. 방장에게 인증을 받고 나니 가영이는 이 '고민 소통방'의 중요한 일원이 된 것 같은 기분이 들었다.

 마리오   토끼님 우리 반모할까요?

                  저희는 모두 13살이라 다 반모한답니다~

 숲숲   반모ㄱㄱ

    '반모가 뭐였더라…. 아! 반말로 말하자는 거구나.'
    채팅방 공지 사항의 외계어들을 열심히 검색했던 보람이 있었다. 가영이는 익숙한 듯 답장했다.

                                 반모 고고!   즐거운 토끼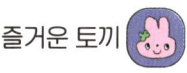

채팅방 사람들은 들어온 지 얼마 안 된 즐거운 토끼에게도 자신들의 일상을 끊임없이 나누어 주었다. 점심에 무엇을 먹었는지, 친구와 무슨 재미난 일이 있었는지 등 정말 사소한 일상까지 공유했다. 마치 오래된 친구들과 대화하는 것 같았고, 가영이 역시 즐겁게 대화를 나눌 수 있었다.

그렇게 간간이 일상 채팅을 나누던 어느 날, 소통방의 터줏대감 마리오가 고민을 털어놓았다. 마리오는 가영이가 채팅방에서 특히나 말이 잘 통한다고 느낀 친구였다.

 마리오

나 사실 요즘 너무 힘들어ㅠㅠ

친구랑 채팅 중에 쌓인 오해를
어떻게 풀어야 할지 모르겠어.

ㅠㅠ 무슨 오해? 즐거운 토끼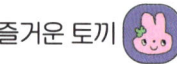

 마리오

그게 있잖아….

숩숩이와 토끼 같은 온라인 친구들과 대화하는 게 너무 재미있던 마리오. 그런데 온라인 친구들과의 대화에 빠져들다 보니 현실 친구와의 채팅을 소홀히 하게 되어 오해가 생겼다고 한다. 고민 상담방에서 쉴 새 없이 울리는 알림 소리에 현실 친구에게 답장하는 일을 깜빡 잊어버리고 만 것이다. 몇 번이나 답장을 받지 못해 서운한 마음이 쌓인 친구는 마리오를 점점 멀리하기 시작했다. 마리오는 친구의 마음을 알아챘지만, 이미 둘의 관계는 꼬여 버린 실타래 같았다.

숩숩과 뽀도리, 가영이는 마리오의 고민을 한참 동안 들어주었다. 비슷한 경험이 있던 가영이는 마리오의 마음을 이해하며 조심스럽게 조언했다.

즐거운 토끼

나도 여러 명이랑 채팅하다가 친구한테 실수한 적 있어. 우리 소통방에 재미있는 영상을 보내려다가 실수로 슬픈 일 겪고 있는 친구한테 보내서 오해가 생겼었거든. 다행히 바로 사과해서 풀었지만…. 마리오 너도 먼저 친구한테 솔직하게 얘기해 보는 게 어때?

 숨숨

맞아. 채팅으로는 감정이 제대로 전달 안 될 수 있잖아. 직접 만나서 얼굴 보고 이야기하는 게 좋을 것 같아. 그리고 그 친구가 좋아하는 간식 같은 거 챙겨 가면 더 좋을지도 몰라!

가영이는 숨숨의 조언에 일부 동의했지만, 굳이 간식까지 준비할 필요는 없을 것 같다는 생각에 조심스럽게 반박했다.

즐거운 토끼

숨숨 말도 맞아. 그런데 굳이 간식까지 줄 필요는 없지 않을까? 마리오가 그렇게 큰 잘못한 건 아닌 것 같아. 답장을 깜빡할 수도 있는 거잖아.

 숨숨

그렇긴 한데, 친구한테 며칠 동안 답장을 안 한 건 마리오 잘못이 맞잖아? 내 경험상 간식 같은 걸 주면 친구가 더 쉽게 화를 풀더라고.

친구 사이에 그럴 수도 있지.

숩숩의 의견에도 일리가 있었다. 하지만 가영이가 생각하기에는 조금 과한 대처였다. 두 사람의 의견이 엇갈리자 채팅방에는 약간의 긴장감이 감돌았다. 이때 마리오가 둘 사이의 긴장을 풀기 위해 장난스럽게 말했다.

 마리오 에이, 너희 싸우는 건 아니지? 근데 진짜 고마워. 이렇게 진심으로 조언해 주는 친구들 너희밖에 없다니까. 우리 방 친구들 최고!

그로부터 며칠 후, 채팅방에 기쁜 소식이 올라왔다.

 마리오 얘들아! 나 그 친구랑 만나서 솔직하게 얘기했어. 서로 오해도 풀고, 나도 연락 더 잘하기로 했어. 다시 예전처럼 지내기로 해서 마음이 너무 편해. 진짜 고마워. 너희 덕분이야!

　마리오의 소식에 모두가 진심으로 기뻐했다. 가영이는 문득 채팅방이 작은 아지트 같다고 생각했다. 채팅방에서 친구들과 대화를 나누다 보면 마음의 상처가 아무는 것 같았다. 익명으로 대화를 나누니 마음 편하게 비밀을 공유할 수 있다는 점이 특히 큰 위안이 되었다.

　앞으로도 채팅방에서는 계속해서 새로운 이야기가 펼쳐질 것이다. 때로는 작은 갈등이 생길 수도 있다. 하지만 가영이는 한 가지 확신이 들었다. 마음을 나누는 나만의 아지트가 존재한다는 사실만으로 큰 용기를 심어 준다고!

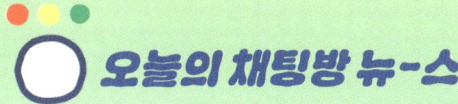 **오늘의 채팅방 뉴-스**

이모티콘은 이모티콘일 뿐 오해하지 말자

즐거운 토끼

이거 볼 사람 ㅋㅋ 방금 우리 가족 단톡방에 아빠가 보낸 거야.

아빵
오늘생일축하해
건강하고행복하게살자
❤️❤️

❤️❤️❤️사랑해요

....
근데아빠왜똥을보냈어ㅋㅋ

아빵
똥이야? 아빠는케이크인줄알고보냈는데

ㅋㅋㅋㅋㅋ이게케이크잖아ㅋㅋ

아빵

 마리오
ㅋㅋㅋㅋㅋㅋㅋㅋㅋㅋㅋㅋㅋㅋㅋㅋ
생일인데 똥 투척이라니~~~

 뽀도리
ㅋㅋㅋ아 진짜 웃겨 이게 뭐야~~

 숩숩
그런데 토끼 오늘 생일이야??
생일 축하해 💩💩💩
똥은 장난인 거 알지? ㅋㅋㅋ
🕯️🍰🕯️ 자, 촛불 끄고 소원 빌어!

고마워, 얘들아! 즐거운 토끼

 http://bit.ly/4iVrsLb (뉴데일리)

함께 이야기해 봐요!

▶ 나도 온라인 채팅에서 새로운 친구를 사귈 수 있을까?

가영이가 들어간 채팅방은 '고민 상담방'이라 부를 수 있어요. 서로의 고민을 나누고 함께 해결 방법을 찾는 채팅방이죠. 가영이는 채팅방에서 만난 친구들과 깊은 고민까지 나누는 소중한 친구가 되었어요. 채팅에서 진정한 친구를 만날 수 있을까요? 놀랍게도 많은 사람이 현실 친구만큼 깊은 우정을 공유하는 친구들을 온라인 채팅방에서 사귀고 있답니다. 좋아하는 것도 비슷하고 성격도 잘 맞는 사람을 쉽게 만날 수 있거든요. 얼굴을 모르니 오히려 더 편하게 속마음을 털어놓을 수 있기도 하고요.

하지만 온라인 친구가 너무 많아지면 현실 친구들을 소홀히 할 수 있어요. 잘못하면 원래 가까웠던 친구들과도 멀어질 수 있죠. 마리오가 그랬던 것처럼요. 온라인 친구도 서로에게 힘이 되는 중요한 존재지만, 함께 눈을 마주치고 손을 잡고 맛있는 것을 나누어 먹을 수 있는 현실 친구도 정말 소중해요. 친구들과 함께하는 소중한 순간은 무엇과도 바꿀 수 없으니까요. 그래서 온라인 친구와 현실 친구 사이에서 균형을 맞추는 게 중요해요. 더 풍부하고 행복한 우정을 만들어 나가기 위해서요!

▶ 채팅방에선 왜 이렇게 쉽게 오해가 쌓일까?

　채팅방에서는 상대방의 표정을 보거나 목소리를 듣기 어려워 서로의 감정이 잘 전달되지 않기도 해요. 내가 한 말의 의도가 잘못 전달될 때도 있죠. 반대로 내가 친구의 의도를 오해하게 되기도 하고요. 온라인 채팅에서 오해를 줄이려면 어떻게 해야 할까요? 몇 가지 방법을 추천할게요.

　첫째, 상대방의 말을 천천히 잘 읽고, 의도를 파악하려고 노력해요.

　때로는 잠시 생각하는 시간이 필요할 수도 있어요. 예를 들어 친구에게 "너 정말 웃기다!"라는 메시지를 받았다고 상상해 봐요. 정말 웃겨서 그렇게 말한 걸까요? 아니면 비꼬려는 말일까요? 급하게 대답하지 말고 잠시 멈춰 볼까요? 앞뒤 상황을 보며 천천히 생각해 보면 오해를 줄일 수 있을 거예요.

　둘째, 이모티콘이나 스티커를 활용하면 감정을 더 정확하게 전달할 수 있어요.

　예를 들어 "오늘 정말 힘들었어."라는 말 뒤에 슬픈 얼굴 이모티콘을 붙이면 상대방이 나의 감정을 더 잘 이해할 수 있을 거예요.

　셋째, 중요한 이야기라면 채팅보다는 직접 만나서 이야기해요.

얼굴을 보고 대화하면 서로의 감정을 더 잘 이해할 수 있답니다. 직접 만날 수 없다면 영상 통화를 하는 것도 좋은 방법이에요. 물론, 현실 친구와 말이죠! 온라인 친구와는 개인 정보를 지키기 위해 영상 통화는 하지 않는 게 안전해요.

무엇보다 가장 중요한 건 솔직함이에요. 가영이도 자신의 마음을 솔직하게 이야기하고 친구들의 이야기에 귀 기울이면서 더 가까워졌죠. 현실에서든 채팅방에서든 솔직함을 바탕으로 서로를 이해하려고 노력한다면 어떤 오해든 쉽게 풀릴 거예요.

2. 네가 왜 거기서 나와?

개학이 코앞으로 다가왔다. 가영이가 '즐거운 토끼'라는 닉네임으로 채팅방에 들어간 지 벌써 한 달이 된 것이다. 여름 내내 채팅방 친구들과 깔깔거리며 지내다 보니 시간이 눈 깜짝할 사이에 흘러갔다.

 숩숩
아, 내일 개학이야.
학교 가기 싫다ㅠㅠ

오? 너네도 내일 개학이야? 우리 학교도 낼 개학인데.  즐거운 토끼

 숲숲   알고 보면 같은 학교ㅋㅋ

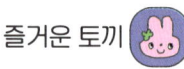

우리 같은 지역에 살잖아.
진짜 같은 학교일 수도ㅎㅎ

 마리오   오호 둘이 같은 학교면
진짜 신기하겠다!

    숲숲은 채팅방에서 리더 역할을 톡톡히 하는 친구였다. 채팅방에서 무슨 일이 있을 때면 사람들은 모두 방장 숲숲이에게 문제 해결을 요청하곤 했다. 당차고 멋진 숲숲이와 같은 학교일 수도 있다는 생각에 가영이의 가슴이 두근거렸다. 하지만 학교 이름이나 전화번호, 실명 같은 건 물어볼 수 없었다. 개인 정보를 보호하고 익명성을 보장하기 위해서 방장이 만든 채팅방의 규칙이었기 때문이다.

    개학식 날, 가영이는 학교에서 돌아오자마자 스마트폰을 켜고 채팅방을 확인했다.

 마리오   친구들, 학교는 잘 다녀왔어?

 ㅇㅇ. 오랜만에 일찍 일어나니까 힘들었다ㅠ

나도ㅠ 그래도 오늘 급식이 맛있어서 다행이었어.

 오 우리도 맛있었는데. 우린 오늘 돈가스 나왔다~

열심히 답장을 하던 가영이는 순간 멈칫하고 말았다. 숩숩이가 보낸 사진은 아무리 봐도 가영이가 오늘 먹은 급식과 똑같았다.

'우리 학교 급식이랑 똑같잖아? 아니지, 그냥 우연일 수도 있으니까.'

가영이는 숩숩이에게 은근슬쩍 학교와 관련된 이야기를 물어보기로 결정했다.

오 돈가스 맛있어 보인다.
소스는 무슨 맛이야?

즐거운 토끼

숩숩

소스는 영양사 선생님이 특별히 만든 특제 소스야.

마트에서 파는 소스랑 맛이 좀 다른데, 살짝 파인애플 맛이 나서 새콤달콤해.

가영이네 학교 급식에 나오는 돈가스 소스에 파인애플이 들어간다는 것은 학생들 사이에서 익히 알려진 사실이다. 이로써 가영이는 숩숩이가 같은 학교에 다닌다고 확신하게 되었다.

'뭐야, 진짜 우리 학교 학생이었어?'

가영이의 마음이 반가움 반, 걱정 반으로 복잡해졌다. 그동안 친하게 지낸 숩숩이 같은 학교 학생이라는 사실에 반가운 한편, 익명성이 보장된 채팅방 안에서 부담 없이 비밀 이야기를 했던 사실이 떠올라 불편한 마음도 들기 시작했다. 현실 세

계에서 보지 않을 것이라 생각해 고민을 편하게 털어놓았던 건데 같은 학교 친구일 수 있다니. 갑자기 채팅방에 메시지를 보내기가 조심스러워진 가영이었다.

'우리 반 친구면 어떡하지…. 내가 아는 사람이면?'

가영이는 숩숩이에 대해 계속 생각했다.

'흠… 숩숩이라… 숩숩… 숩… 설마 수빈?'

문득 같은 반 친구인 김수빈의 얼굴이 떠올랐다. '수빈'을 빠르게 읽으면 '숩'이 되니, 이름이 비슷한 수빈이가 생각난 것이다. 하지만 수빈이는 채팅방 속 숩숩과는 정반대의 이미지를 가진, 조용하고 소심한 학생이었다.

다음 날 수업 시간부터 가영이는 먼 자리에 앉은 수빈이를 관찰하기 시작했다. 그런데 그동안 말을 나눌 기회가 없었을 뿐 수빈이가 의외로 적극적이라는 사실을 알게 되었다.

'생각보다 적극적이네. 하고 싶은 말도 당당히 잘하고.'

결정적으로, 수빈이가 책상 위에 붙여 놓은 스티커와 숩숩의 채팅방 프로필 사진 캐릭터가 같았다. 채팅방 방장 숩숩이 우리 반 김수빈이라는 사실이 분명해졌다. 가영이는 깜짝 놀랐다. 조용한 아이인 줄만 알았던 수빈이가 온라인에서 리더십을 발휘하는 숩숩이라니 믿기지 않았다.

가영이의 머릿속은 복잡했다. 채팅방에서 이 사실을 말해야 할지, 아니면 그냥 모른 척하는 게 나을지 고민이 되었기 때문이다. 예전처럼 숲숲과 친하게 지내고 싶었지만, 이 사실을 말하고 나면 둘의 관계가 어색해질 것 같기도 했다. 그렇게 고민하고 망설이는 사이 시간은 흘렀고, 가영이는 채팅방 속에서 예전처럼 활발하게 이야기하지 않게 되었다.

토끼, 뭐해?

그러던 어느 날, 숲숲이가 가영이에게 채팅방이 아닌 일 대 일 채팅을 통해 말을 걸어 왔다. 숲숲이 수빈이라는 사실을 알게 된 뒤라서 채팅이 조금은 불편하게 느껴졌다. 하지만 티를 낼 수 없기에 가영이는 평소와 다름없이 답변했다.

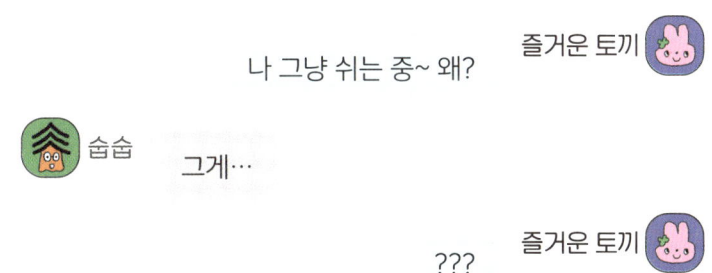

한참 뜸을 들이던 숩숩이 채팅을 이어 나갔다. 숩숩은 얼마 전 토끼가 가영이라는 사실을 눈치챘다고 밝혔다. 채팅방에서 갑자기 조용해진 토끼를 이상하게 생각해 그 이유를 추리했고, 그러던 중 가영이와 연지의 대화를 들었다고 했다.

 숩숩

> 연지랑 너 얘기하는 거 우연히 들었는데,
>
> 너희들끼리 게임 닉네임 정할 때
>
> 네가 닉네임을 '즐거운 토끼'로 정하는 걸 듣고 깜짝 놀랐어.
>
> 혹시 내가 아는 토끼가 너일지도 모른다고 그때부터 의심했지.
>
> 그래서 우리 채팅방 메시지들을 다시 확인해 봤어.
>
> 근데 토끼 말투가 너 평소 말투랑 너무 똑같은 거 있지!
>
> 너도 나인 거 알고 나서 엄청 놀랐지?

가영이는 수빈이가 알고 있었다는 사실에 놀랐지만, 한편으로 먼저 말을 꺼내 주어 고마웠다. 둘은 조심스레 대화를 이어 갔다.

즐거운 토끼
응 놀랐어. 설마 숨숨이 우리 반 수빈이일 줄이야….

너도 많이 놀랐을 텐데

먼저 말 꺼내 줘서 고마워ㅎㅎ

 숨숨
너야말로 많이 놀랐지?

학교에서 내 모습이랑 채팅방에서 내 모습이 너무 달라서 당황했을 것 같아ㅎㅎ

즐거운 토끼
솔직히… 처음엔 조금 놀랐긴 했어!

근데 반전 매력이라 생각해서 더 멋있기도?

 숨숨
ㅋㅋ그래? 고맙다~

둘은 평소 채팅방에서의 숲숲과 즐거운 토끼처럼 편하게 대화를 이어 갔다. 하지만 아직 해결하지 못한 과제가 남아 있었다.

그나저나… 우리 이제 어떻게 해야 할까? 전처럼 채팅방에서 편하게 지낼 수 있을까? 마리오나 다른 친구들에게 알려야 하지 않을까?

즐거운 토끼

수빈이는 잠시 고민하더니 대답했다.

 숲숲

우리 채팅방 규칙상, 서로 개인 정보는 공개하지 않기로 했잖아. 채팅방에선 그냥 원래처럼 좋은 온라인 친구로 지내고, 학교에서는 음… 비밀 친구로 지내는 건 어때?

비밀 친구?   즐거운 토끼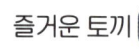

38

 숨숨

응. 지금처럼 각자의 친구들과 친하게 지내면서 멀리서 응원해 주는 그런 비밀 친구

 즐거운 토끼

좋은데? 내 비밀 친구 숨숨!

가영이와 수빈이는 즐거운 토끼와 숨숨으로서 예전처럼 살갑게 채팅을 이어 갔다. 비록 학교에서는 비밀을 지켜야 했지만, 채팅방에서는 여전히 마음껏 웃고 떠들 수 있었다. 이제 두 사람은 서로의 비밀을 알고 있는 특별한 친구가 되었다. 가영이는 이 우정이 오랫동안 이어질 것이라고 믿으며, 앞으로 펼쳐질 이야기를 기대했다.

오늘의 채팅방 뉴-스

오늘은 내가 아이돌!

뽀도리: 나 오늘 '드림보이즈' 채팅방 처음 들어갔어!!

숩숩: 오~ 나도 거기 가 봤는데! 너 누구 역할 맡았어?

뽀도리: 나는 리더 태준이!

즐거운 토끼: 크~ 우리 태준이 왔구나~ 오늘도 목소리 짱이다 😍

뽀도리: (빙의 모드 시작) "여러분~ 오늘 하루도 고생 많았어요. 태준이가 여러분 안아 줄게요."

숩숩: 꺅ㅋㅋㅋㅋ 진짜 태준 같아!

마리오: 근데 신기하지 않아? 채팅방에서는 평소 말투랑 완전 다르잖아ㅋㅋ

즐거운 토끼: 맞아! 여기선 내가 즐거운 토끼지만 현실에선 시무룩한 너구리일 수도.ㅎㅎ

뽀도리: 나 알아! 이게 바로 '멀티 페르소나'래~!

숩숩: 어른들이 말하는 그거지? 상황에 따라 다른 모습 보여 주는 거~

마리오: 와~ 우리도 멀티 페르소나 있는 거네ㅋㅋㅋ

함께 이야기해 봐요!

▶ 내 정체를 숨기면 어떤 일이 일어날까

온라인은 '익명성'이라는 특징이 있어요. 그 사람이 어떤 사람인지 모른 채 서로 대화를 나누는 거죠. 익명성 덕분에 채팅방 안에서 좀 더 솔직해지기도 해요. 가영이가 '즐거운 토끼'라는 이름으로 채팅방에서 편하게 친구들과 얘기할 수 있던 것도 이 덕분이죠. 얼굴을 모르는 친구들과 대화하다 보면 현실에서 말하지 못했던 진짜 마음을 조금 더 솔직하게 말할 수 있답니다. 현실에서 썼던 가면을 벗고 나의 진짜 모습을 보여 준다니, 멋지지 않나요? 솔직한 이야기를 나누다 보면 '고민 상담방' 친구들처럼 서로를 응원하는 소중한 친구로 인연이 깊어지기도 해요.

하지만 가끔은 거짓말을 하는 사람도 있어요. 얼굴을 보지 않으니 가짜 이야기를 꾸며서 할 수도 있죠. 더 멋있게 보이기 위해서 혹은 다른 사람의 관심을 끌기 위해서 과장된 이야기를 할 때도 있고요. 익명성을 토대로 자신의 진짜 모습을 보여 줄 수 있으면서 동시에 가짜 이야기를 퍼트릴 수 있다니, 앞뒤가 안 맞죠?

그래서 온라인 채팅 안에서는 항상 주의해야 합니다. **서로를 잘 알기 전까지는 개인 정보 공유를 최소화하고, 천천히 믿음을 쌓아가는 것이 중요하답니다.** 서로를 배려하고 조심한다면 온라인 친구들과 좋은 관계를 유지할 수 있겠죠?

▶ 온라인 나 vs 오프라인 나: 어떤 게 진짜 나?

　수빈이는 교실에서는 조용한 편이지만, 채팅방에서는 완전히 반대되는 매력을 보여 줘요. 이처럼 온라인에서는 오프라인과 다른 자신의 새로운 모습을 찾을 수 있어요. 수빈이처럼 현실 세계와는 조금 다른 모습, '페르소나'를 드러낼 수도 있죠.

　페르소나는 '가면'을 나타내는 말로, 실제 나와는 다른 성격이나 모습을 뜻해요. 사실 우리 모두에게는 여러 가지 페르소나가 있어요. 학교에서는 '열심히 공부하는 학생'이지만 집에서는 '부모님에게 어리광을 부리는 말썽꾸러기'가 되고, 게임 속에서는 '용감한 모험가'가 되기도 해요. 이처럼 우리 안에 있는 다양한 모습을 **멀티 페르소나**라고 부른답니다.

　멀티 페르소나는 내 안에 있는 새로운 나를 발견하는 데 도움이 돼요. 하지만 온라인 세계에 과도하게 빠져들면 현실의 나를 잊어버릴 수도 있답니다. 만약 온라인 세계에만 집중하게 되면 어떻게 될까요? 현실 세계의 중요한 일들을 놓치게 되고, 결국은 일상을 망칠 수도 있죠. 그래서 온라인과 오프라인 세상의 '나' 사이의 균형을 찾는 게 중요해요. 스위치를 껐다 켜듯이 바꾸라는 것이 아니에요. 온라인에서의 '나'와 오프라인에서의 '나' 모두 같은 '나'임을 인정하고 그 사이의 균형을 잘 맞추는 것이죠. 현실 세계에서도 온라인 속에서도 멋진 내가 되어 보자고요!

3. 육사반의 첫 단톡방

6학년 4반 반장 창민이는 친구들의 고민을 해결하고 돕는 데 열심이었다. 친구들이 자신을 반장으로 뽑아 준 게 고마웠기 때문이다. 그래서 어려운 상황에 처한 친구들을 도와주려고 애썼고, 친구들이 더 편하게 지낼 방법에 대해 항상 고민했다.

어느 날, 창민이는 시온이와 승민이의 대화 소리에 귀를 기울였다. 미술 준비물을 챙기지 못한 시온이가 걱정스러운 얼굴로 말했다.
"오늘 미술 어떻게 하지? 준비물 안 가져왔는데…."
승민이는 고개를 갸웃하며 물었다.

"지난 시간에 선생님이 말씀하신 거 못 들었어? 학급 홈페이지에도 올려 주셨는데…."

"나 그때 화장실에 가느라 이야기를 못 들었어. 학급 홈페이지는 다른 공지가 너무 많아서 준비물을 놓치게 되더라고."

한두 번 있는 상황이 아니었다. 수업 시간에 선생님이 알려 주신 숙제나 준비물은 잘 듣지 않으면 깜박하기 쉬웠고, 그럴 때마다 친구들이 당황하곤 했다. 창민이는 반장으로서 이 문제를 해결하고 싶다는 생각이 들었다.

그때 앞자리 친구들의 대화가 들려왔다.

"어제 게임 재밌지 않았냐?"

"그러니까. 채팅하면서 게임하니까 더 재밌더라."

'채팅? 그래, 채팅방을 만들어 보는 거야!'

수업이 끝난 뒤 창민이는 담임 선생님께 다가가 오늘 있었던 일과 자신의 아이디어를 말씀드렸다. 선생님은 창민이의 의견을 주의 깊게 들으셨다.

"그래서 말인데요, 선생님. 저희 '육사반'만의 단체 채팅방을 만들어 보는 게 어떨까요? 반장이나 부반장이 숙제나 준비물을 하루 전에 채팅방에 올리면 공지 사항을 더 쉽게 알 수 있을 것 같아서요."

선생님은 창민이의 제안을 긍정적으로 받아들였다.

"그래, 창민아. 조금 걱정되는 부분이 있긴 하지만, 반장으로서 책임을 다하는 모습이 기특하다. 일단 믿고 맡겨 볼게. 대신 친구들이 모두 동의해야 하니 다음 학급 회의에서 이야기해 보자."

학급 회의 당일, 창민이는 담임 선생님과 이야기했던 내용을 학급 회의 안건으로 세우며 채팅방 개설을 제안했다. 모두가 찬성한 건 아니었지만 준비물이나 숙제를 놓치는 경우가 많다는 점에 대부분 공감했고, 결국 단체 채팅방을 개설하기로 결정했다. 다만 시행착오를 겪을 수 있으니 일단 일주일 동안만 운영해 보자는 조건이 붙었다.

"육사반 단톡방에 초대되었습니다."

이로써 6학년 4반의 공식 채팅방이 만들어졌다. 선생님께서는 학생들의 자율성을 존중하기 위해 채팅방에 참여하지 않겠다고 하셨고, 채팅방 운영은 반장과 부반장에게 맡겨졌다. 처음에는 반장인 창민이가 공지를 올렸고, 점차 각 과목 부장 친구들도 공지를 올리기 시작했다. 공지가 올라오면 친구들은 바로 대답을 남기곤 했다.

다음 주 월요일에 체육복을
꼭 챙겨 오세요!

네!

네~

    채팅방은 질서 있게 잘 운영되었고, 중요한 정보가 빠르게 전달되어 모두가 만족스러워했다. 창민이는 반장으로서 좋은 결정을 했다는 생각에 뿌듯함을 느꼈다. 채팅방은 마치 새로운 놀이터처럼 기분 좋아지는 공간이었다.

    하루 이틀 시간이 지나면서 채팅방에 수다 꽃이 피기 시작했다. 잠자던 새들이 일제히 날아오른 것처럼 친구들의 수다가 채팅방을 가득 채웠다.

    어느 날 시온이가 채팅방에 웃긴 영상을 공유했다.

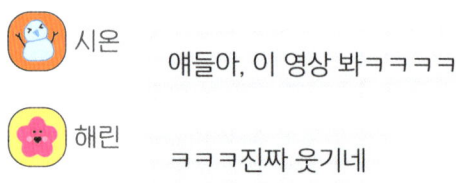

얘들아, 이 영상 봐ㅋㅋㅋㅋ

ㅋㅋㅋ진짜 웃기네

준   나도 이 영상 보고 한참 웃었는데ㅋㅋㅋ

 이엘

이렇게 시작된 수다는 밤늦게까지 이어졌고, 채팅 창은 웃음과 이모티콘으로 가득 찼다. 그러나 알림이 울릴 때마다 휴대폰을 확인하느라 밤잠을 설치는 친구들도 있었다.

며칠이 더 지나자 채팅방에 대한 불만이 여기저기서 터져 나오기 시작했다.

"가영아, 단톡방 너무 시끄럽지 않아? 밤에도 계속 알람이 와서 잠을 못 자겠어."

"맞아, 이모티콘 도배 때문에 중요한 공지가 묻히는 것도 불편해."

약속된 일주일이 지나고, 다시 학급 회의가 열렸다. 선생님은 단체 채팅방에 대한 학생들의 의견을 물었다.

"여러분, 단톡방은 잘 운영되고 있나요? 혹시 불편한 점이 있다면 함께 해결해 봅시다."

친구들은 잠시 머뭇거리며 서로의 눈치를 보았다. 하지만 연지가 용기를 내어 말을 꺼냈고, 다른 친구들도 솔직하게 이야기하기 시작했다.

"처음엔 괜찮았는데요…."

"잡담이 많아서 중요한 공지를 놓쳐요."

"이모티콘 도배가 심해서 알림이 계속 와요."

"밤늦게까지 알림이 와서 잠을 설쳐요."

"알림을 꺼 놓아도 아침이 되면 알림이 쌓여 있어 신경 쓰여요."

창민이는 마음이 무거워졌다. 좋은 의도로 시작한 채팅방이 오히려 친구들에게 부담을 주었다는 사실에 실망스럽기도 했다. 반장으로서 불편함을 주었다는 생각에 죄책감도 들었다. 그때 선생님께서 부드럽게 말씀하셨다.

"반장의 아이디어는 아주 훌륭했으나 처음 시행하는 것이다 보니 여러 어려움이 있었나 보네요. 그러면 이제 모두가 함께 규칙을 정해 보는 건 어떨까요? 방금 말했던 불편함을 해결할 방안을 나눠 봅시다."

창민이의 기분을 눈치챈 옆자리 수빈이는 속삭이며 위로를 건넸다.

"창민아, 그래도 네 덕분에 중요한 정보를 빨리 전달받을 수 있었어. 고마워."

뒷자리에 있던 승민이도 창민이의 어깨

를 두드리며 조용히 덧붙였다.

"맞아. 네 아이디어 덕분에 반 친구들끼리 더 가까워진 것 같아."

친구들의 따뜻한 말 덕분에 창민이는 다시 용기를 얻었다. 그리고 학급 회의는 서로를 존중하는 분위기 속에서 활발하게 진행되었다. 열띤 토론 끝에 최종 규칙이 마련되었고, 창민이가 또랑또랑한 목소리로 정리했다.

"채팅방에서 잡담은 학교 수업이 끝난 후부터 다섯 시까지만 하고, 이모티콘 사용은 줄이도록 해요. 다섯 시가 지나면 중요한 공지 외에는 채팅을 하지 않도록 약속합시다. 또한, 중요한 공지는 꼭 확인하고 공지에 대한 답변은 글이 아닌 작은 하트 표시로 대체하겠습니다. 그럼 이것으로 회의를 마치겠습니다."

학생들은 서로 고개를 끄덕이며 동의했다. 채팅방의 알림음은 더 이상 친구들의 밤잠을 방해하지 않았고, 6학년 4반 교실은 다시금 활기찬 소리로 가득 찼다. 모두의 약속 덕분에 채팅방은 친구들 사이의 우정을 단단히 연결하는 알찬 소통의 장이 되었다.

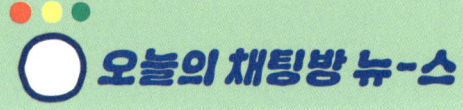

우리 반 단톡방, 이런 친구 꼭 있다

학급 단톡방을 보면 성격이 보인다는 말이 있습니다. 단톡방의 다양한 캐릭터를 정리한 글이 최근 화제인데요, 본 기사에서 소개합니다.

- 📸 인증왕 숙제, 간식, 고양이, 심지어 쓰레기통까지 인증

- 💗 이모티콘 폭탄러 말은 안 하는데 갖고 있는 이모티콘이 많음

- 😲 급발진 댓글러 제일 많이 하는 말은 "이거 진짜 말이 돼?!", "헐 말도 안 돼!!!!"

- 👀 눈딩러 단 한 마디도 안 하지만, 언제나 조용히 공감 버튼 누름

- ✏️ 정리 요정 "얘들아 숙제 여기 모아 줄게~"

- 😃 갑자기 밈 공유러 "이거 웃김ㅋㅋ" (밈 이미지 3장 첨부)

단톡방은 다양한 사람이 함께 모인 공간입니다. 각자의 개성은 멋지고 재미있지만, 가끔은 혼란과 알림 폭탄을 부르기도 합니다. 조금의 배려와 정돈이 단톡방을 더 즐겁게 만들 수 있습니다.

함께 이야기해 봐요!

⊙ 학급 단톡방, 슬기롭게 활용해요

　단체 채팅방, 줄여서 단톡방은 여러 명이 동시에 채팅을 나눌 수 있는 공간이에요. 친구들과 중요한 정보를 빠르게 공유하는 데 아주 유용합니다. 반장 창민이가 숙제나 준비물 등의 공지를 잘 전달하기 위해 만든 단톡방처럼요.

　단톡방은 직접 만나기 어려울 때 모둠 회의에도 도움이 돼요. 여러 명의 의견을 한 번에 듣고 조율할 수 있어 협력하기에 편리하죠. 하지만 학급 단톡방을 개설하려면 담임 선생님의 동의가 필요해요. 몇몇 학교에서는 사이버 공간에서 친구를 괴롭히는 사이버불링 문제를 막기 위해 단톡방 개설 자체를 금지하기도 하거든요.

　공부를 위해 개설된 단체 채팅방도 있어요. 예를 들어 수학 공부를 하다가 어려운 문제를 만나면 단톡방에서 친구들과 함께 고민해 볼 수 있죠. 실제로 카카오톡 오픈 채팅방에 '수학 문제'를 검색해 보면 수학 문제 풀이방이 여럿 존재하는 것을 확인할 수 있답니다.

　다양한 단톡방의 쓰임새를 잘 기억해 두고, 현명하게 활용해 보세요!

⊙ 단톡방 예절, 이것부터 지켜요

　육사반에서는 몇몇 친구가 늦은 시간까지 단톡방에서 수다를 떨었어요. 그런데 이로 인해 다른 친구들은 잠을 못 자고 괴로워했죠. 여러 명이 함께 사용하는 단톡방에서는 꼭 지켜야 할 예절이 있답니다.

첫째, 늦은 시간에는 조용히 해요.

밤 아홉 시 이후에는 잡담을 자제하고, 중요한 이야기는 다음 날로 미루는 것이 좋아요. 늦은 시간까지 대화가 이어지면 잠을 설칠 수 있으니까요. 서로의 수면 시간을 존중해 주는 게 어떨까요?

둘째, 간단한 반응으로 공지를 확인해요.

공지 사항이 올라오면 길게 답장하기보다는 '하트'나 '체크' 등의 공감 버튼으로 간단히 반응해 보세요. 중요한 내용이 묻히지 않고, 모두가 쉽게 확인할 수 있어요.

셋째, 이모티콘은 적당히 사용해요.

채팅 창을 이모티콘으로 도배하면 중요한 메시지가 가려질 수 있어요. 이모티콘은 적절히 사용해서, 중요한 내용이 잘 전달되도록 해야 해요.

넷째, 스마트폰이 없는 친구도 배려해요.

스마트폰이 없는 친구들은 단톡방 내용을 몰라서 곤란할 수 있어요. 중요한 내용은 직접 전달해 줍시다. 이렇게 하면 모두가 정보를 잘 알 수 있겠죠?

다섯째, 단톡방 초대는 신중히 해요.

단톡방을 나간 친구를 다시 초대할 때는 그 친구의 의사를 존중해 주세요. 단톡방에 참여하고 싶지 않은 친구의 선택도 이해하고 존중하는 것이 중요해요.

여섯째, 적절한 언어를 사용해요.

얼굴을 보지 않는 상태에서도 상대방을 존중하며 바른 말을 사용해야 해요. 잘못된 말을 하지 않도록 언제나 주의합니다.

단톡방은 많은 친구가 함께 사용하는 공간이에요. 얼굴을 보지 않는 상태에서 문자를 보내다 보면, 가끔 민망한 말을 스스럼없이 하게 될 때도 있어요. 그래서 더욱 조심해야 한답니다. 육사반 친구들이 단톡방에서 서로의 의견을 존중하고 예의를 지키려고 노력했던 것처럼, 우리도 단톡방에서 예의를 지키며 대화를 나누도록 해요. 상대방의 의견을 존중하며 즐겁고 유익한 대화를 이어가 보세요!

4. 단톡방에서 시작된 소문

"오늘 배운 영어 단어를 활용해 모둠별로 짧은 상황극 영상을 찍어 보세요."

선생님의 말씀에 교실이 금세 들썩였다. 반 친구들이 모둠별로 삼삼오오 모여 서로의 의견을 나누었다. 수업이 끝났지만 아이디어가 아직 뚜렷하게 정리되지 않은 이엘이네 모둠은 방과 후에 다시 논의하기로 했다. 그러나 각자 학원 일정이 달라 약속 시간을 정하기 쉽지 않았다.

"우리 직접 만나긴 어려울 테니 단톡방을 만들고 거기서 얘기해 보면 어때?"

이엘이의 제안에 모두 고개를 끄덕였다. 같은 모둠의 승민이가 곧바로 선생님께 허락을 받았고 모둠 단톡방을 만들었다. 학교가 끝난 뒤, 단톡방에서는 어떤 영어 단어를 사용할지, 어떤 상황을 연출할지에 관한 대화가 활발하게 오갔다.

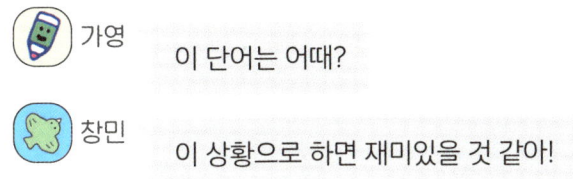

가영 이 단어는 어때?

창민 이 상황으로 하면 재미있을 것 같아!

아이디어가 하나둘 더해지며 영상은 순식간에 완성되었다. 이엘이네 모둠이 만든 영상은 높은 퀄리티로 수업 시간에 친구들과 선생님에게 큰 칭찬을 받았다.

모둠 활동이 끝난 뒤에도 단톡방은 유지되었다. 모둠 친구들은 채팅방에서 수다를 나누며 더 가까워졌다. 반 친구들 이야기부터 게임 이야기까지, 이야깃거리는 끊이지 않았다. 특히 이엘이와 승민이는 같은 게임을 좋아해 게임 소식을 주고받으며 대화를 나누곤 했다. 단체 채팅방에서 너무 많은 이야기를 나누면 다른 친구들에게 방해가 될까 봐 나중에는 일 대 일 채팅에서 자주 소통하게 되었고, 둘의 우정은 더욱 깊어졌다.

승민아, 안녕!

며칠 뒤, 학교에 도착한 이엘이가 승민이에게 평소처럼 가볍게 인사를 건넸다.

"승민 안녕!"

그런데 승민이가 어색하게 고개만 끄덕이며 짧게 대답하는 것 아닌가.

"어, 어…."

승민이의 태도가 어딘가 이상해 보였지만, 이엘이는 '별일 아니겠지.' 하고 넘어갔다. 그런데 며칠이 지나니 승민이가 이엘이를 피하는 것처럼 보였다. 얼마 전까지만 해도 웃으며 셰임 이야기를 나누던 친구가 갑자기 이유도 없이 자신을 피하는 것 같아 이엘이는 혼란스러웠다. 게다가 다른 친구들까지 자신을 보며 속삭이는 듯한 느낌이 들었다. 마음이 무거웠다.

'왜 이러지… 친구들이 나를 보는 눈빛이 이상해.'

혼란스러운 마음에 이엘이는 친한 친구 해린이에게 고민을 털어놓았다. 그러자 해린이가 조심스럽게 말했다.

"혹시 네가 승민이를 좋아한다는 소문 때문에 그런 거 아닐까? 나도 그 얘기 들었어."

이엘이는 깜짝 놀랐다. 승민이를 좋아한다니 말도 안 되는 이야기였다. 거기다 그런 헛소문이 자신도 모르는 사이에 반 친구들에게 널리 퍼졌다는 게 믿기지 않았다. 더 이상 참을 수 없었던 이엘이는 곧바로 승민이에게 찾아갔다.

"너 왜 요즘 나 피해? 혹시 내가 너 좋아한다는 소문 때문이야?"

승민이는 잠시 망설이다가 조용히 사실을 털어놓았다.

"어? 아… 응….”

"누가 그런 헛소리를 해?"

"준이네 모둠 단톡방에서 그런 이야기가 나왔나 봐. 그래서 나도 좀 어색해졌어. 피해서 미안….”

이엘이는 마치 머리를 한 대 맞은 것 같았다. 충격이었다. 자신이 없는 채팅방에서 그런 소문이 돌고 있었다니, 화가 나는 동시에 무서운 마음까지 들었다. 이엘이는 바로 준이를 찾아가 따져 물었다.

"내가 승민이 좋아한다고 소문냈다며? 왜 그런 말을 한 거야?"

준이는 당황하며 변명했다.

"나도 그냥 단톡방에서 들은 걸 말했을 뿐이야. 이렇게까지 퍼질 줄 몰랐어. 정말 미안해."

이엘이는 며칠 동안 느꼈던 속상함이 북받쳐 눈물이 나올 것 같았다. 소식을 들은 준이네 모둠 친구들도 자신들의 행동을 후회하며 이엘이에게 진심으로 사과했다.

"그냥 장난으로 말했던 건데 이런 식으로 소문이 퍼질 줄은 몰랐어. 정말 미안해, 이엘아."

하지만 이미 큰 상처를 받은 이엘이는 친구들을 쉽게 용서할 수 없었다. 이엘이의 마음을 눈치챈 준이네 모둠 친구들은 자신들의 장난으로 이엘이가 상처 입은 사실을 모두에게 알리기로 결정했다.

다음 날부터 준이네 모둠 친구들은 반 친구들에게 일일이 찾아가 이엘이에 대한 소문은 사실이 아니며, 자신들이 장난으로 시작한 이야기가 잘못 퍼진 것이라고 솔직하게 이야기했다. 친구들 앞에서 자기 잘못을 인정하고 사과하는 일은 결코 쉽지 않지만 이엘이를 위해 용기를 내어 진심을 전한 것이다.

쉬는 시간마다 다른 친구들에게 진심을 담아 이야기하는 모습을 본 이엘이의 마음이 조금씩 풀리기 시작했다. 자신을 향한 오해를 풀기 위해 노력하는 모습을 보니 닫혀 있던 마음이

서서히 열린 것이다. 반 친구들 또한 그들의 이야기를 들으면서 이엘이에게 미안한 마음을 표현하고 다가가기 시작했다. 결국 이엘이는 준이와 친구들을 용서하고 승민이와도 다시 예전처럼 자연스럽게 어울릴 수 있게 되었다.

"우리 이 단톡방은 없애자."

며칠 후, 준이는 조심스럽게 모둠 친구들에게 제안했다. 단톡방에 있던 다른 친구들도 모두 동의했다. 단톡방에서 무심

코 던진 가벼운 말이 누군가에게 큰 상처가 될 수 있다는 사실을 뼈저리게 깨달았기 때문이다.

이번 일을 겪으며 단톡방을 대하는 육사반 친구들의 마음가짐에 조금씩 변화가 생겼다. 단톡방의 규칙을 새롭게 세운 친구들도 있었고, 준이네 모둠처럼 단톡방을 아예 없앤 친구들도 있었다.

그 후 교실에 누군가 적은 글귀 하나가 새로 붙었다. 아이들은 등교를 하며 그 글귀를 보고 하나같이 진지한 표정이 되었다. 글귀에는 이런 내용이 적혀 있었다.

"말은 바람처럼 가볍게 흩어지지만, 그 말이 남긴 흔적은 오래도록 마음에 남는다. 소문이란 작은 불씨와 같아서 큰 불길로 번질 수 있다. 그 불길이 친구 사이를 태우지 않도록 언제나 조심해야 한다."

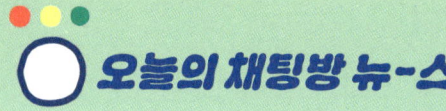 **오늘의 채팅방 뉴-스**

이건 장난일까? 폭력일까?

이엘 : 얘들아ㅋㅋ 나 아까 또 준이 페메에 좋아요 누르고 도망쳤다ㅋㅋㅋ

 승민: 준이 아직도 답장 안 했어? 게임하나?

 시온: 그냥 계속 눌러~ 알림 울리게ㅋㅋㅋ

 연지: 그거 웃기다니까 진짜. 나도 친구한테 해 봤는데 반응 엄청 웃겼음

이엘 : 근데 준이가 좀 기분 나빠하려나?

 (잠시 후)

 창민: 준이는 없는 방에서 왜 준이 얘기해?

이엘 : 어? 그냥 재밌어서 한 건데…

 창민: 당사자 없는 데서 욕하는 것도 학교 폭력이야

 시온: 헐 진짜???

 수빈: 선생님도 지난번에 얘기하셨던 것 같다…

 시온: 그냥 장난이었는데… 이제 보니까 좀 무섭네. 조심하자.

 http://bit.ly/4I4gViS (한국경제신문)

함께 이야기해 봐요!

▶ 단톡방에서의 소문, 얼마나 빨리 퍼질까?

채팅방에서 친구들과 가볍게 나눈 말이 소문으로 퍼지는 경우가 있어요. 이엘이가 겪은 황당한 소문도 처음에는 단톡방에서 시작된 잡담이었죠. 이엘이와 승민이가 자주 어울린다는 이유로 "이엘이가 승민이를 좋아하는 거 아니야?"라는 농담이 나왔어요. 그런데 그 말이 반 친구들 사이에 퍼졌고, 이엘이가 모르는 사이에 모두가 그 소문을 믿게 된 거예요. 처음엔 장난으로 시작됐지만, 결국 이엘이와 승민이 모두에게 상처를 주는 결과를 낳았답니다.

온라인 채팅에서는 표정을 볼 수 없기 때문에 말이 잘못 전달될 수 있어요. 농담으로 한 말이지만 상대방이 진지하게 받아들일 수 있고, 그러다 보면 오해가 생길 수 있답니다. 그래서 채팅방에서는 더욱 신중하게 말해야 해요.

만약 단톡방에서 누군가 근거 없는 소문을 이야기한다면 어떻게 해야 할까요? 소문이 재미있다고 다른 친구들에게 바로 공유하면 절대 안 돼요. 소문을 퍼뜨리게 되면, 이미 상처받은 친구에게 또 다른 상처를 주는 '2차 가해'를 할 수 있거든요. **소문을 들었을 때는 사실인지 먼저 확인하고, 잘못된 소문은 퍼뜨리지 않는 것이 중요해요.** 그리고 소문을 말하는 친구들에게 "그런 이야기는 퍼뜨리면 상처를 줄 수 있어"라고 조용히 알려 주는 것도 좋은

방법이에요. **친구 사이의 믿음과 신뢰를 지키려면 채팅방에서도 책임감 있는 행동이 필요하답니다.** 채팅에서의 말 한마디가 큰 영향을 미칠 수 있으니 언제나 신중하고 배려하는 마음으로 대화를 나누도록 합시다.

▶ 채팅을 악용한 사이버 폭력

요즘은 친구들끼리 단톡방에서 이야기를 나누는 일이 많아요. 그런데 이 편리한 채팅방이 학교 폭력의 도구가 되기도 한다는 사실을 알고 있나요? 친구를 괴롭히기 위해 만든 채팅방에서 욕을 하거나, 나가도 다시 초대해서 괴롭히는 일이 벌어지곤 해요. **이렇게 채팅방에서 일어나는 폭력을 '사이버 폭력'이라고 합니다.**

예를 들어, 반 친구들끼리 모인 단톡방에서 한 친구를 놀렸어요. 처음엔 장난처럼 시작됐지만, 너무 힘들어진 친구가 채팅방을 나가려고 했죠. 그런데 그 친구가 나가자마자 다른 친구들이 다시 초대해 괴롭혔어요. 결국 그 친구는 큰 상처를 받고, 학교생활도 힘들어졌답니다. 이런 상황을 '채팅 감옥'이라고도 불러요.

사이버 폭력은 현실에서의 괴롭힘만큼 큰 상처를 줄 수 있어요. 채팅방에서는 얼굴을 보지 않기 때문에 더 심한 말을 하게 되는 경우가 많고, 그 말들은 기록으로 남아 오랫동안 피해자의 마음을 아프게 해요.

다행히 여러 채팅 플랫폼에서는 채팅 감옥 같은 불편한 상황을 막기 위해 새로운 기능들을 만들고 있어요. 예를 들어 카카오톡에는 단톡방 초대를 거절할 수 있는 기능이 생겼어요. 친구 목록에 없는 사람이 초대하면 그 초대를 거절할 수 있답니다. 하지만 이미 친구로 등록된 사람이 초대할 경우에는 거절할 수 없는 한계가 있어요. 그래도 이 기능 덕분에 불편한 초대를 조금이나마 피할 수 있게 되었지요. 이외에도, 사람들이 자신이 채팅방에서 나간 것을 모르게 하는 기능도 추가되었답니다.

단톡방은 친구들과 소통하기 위한 공간이지, 다른 사람을 괴롭히는 도구가 되어서는 안 돼요.

▶ 단톡방에서 친구가 괴롭힘을 당하고 있을 때

만약 여러분이 친구가 괴롭힘을 당하는 것을 보거나 피해자가 된다면 어떻게 해야 할까요? 구체적인 방법들을 함께 살펴보아요.

첫째, 잘못된 행동이라는 걸 알려 주세요.
친구를 괴롭히는 상황을 본다면 "이건 괴롭힘이야. 그만두는 게 좋겠어."라고 이야기하고, 상대방의 감정을 배려하는 태도를 보여 주세요.

둘째, 채팅방에서 나와요.

　내가 단톡방을 나오는 것도 방법이에요. "이런 이야기는 나도 불편해."라며 단톡방에서 나가는 것만으로도 다른 친구들이 다시 생각해 볼 수 있어요.

셋째, 어른에게 도움을 요청해요.

　단톡방에서 있었던 일을 선생님이나 부모님께 알려야 해요. "단톡방에서 친구가 자꾸 놀림을 당하는데 잘못된 것 같아요."라고 이야기하면 어떻게 하면 좋을지 도와주실 거예요.

▶ 내가 괴롭힘을 당하고 있을 때

첫째, 대화 내용을 증거로 남겨요.

　괴롭힘을 당했다면 대화 내용을 캡처해서 증거로 남겨 두세요. 나중에 선생님이나 부모님께 상황을 정확히 설명할 때 큰 도움이 될 수 있어요.

둘째, 가장 믿을 수 있는 어른에게 이야기해요.

　혼자서 참으려고 하지 말고, 가장 믿을 수 있는 어른에게 도움을 요청하세요. 담임 선생님이나 부모님께 "단톡방에서 이런 말을 들어서 속상해요."라고 이야기해 보세요. 여러분의 이야기를 듣고 문제를 해결할 수 있도록 도와주실 거예요.

셋째, 친구에게 도움을 요청해요.

믿을 수 있는 친구가 있다면 그 친구에게 도움을 청하는 것도 좋아요. "단톡방에서 나를 괴롭히는 것 같아서 마음이 아파."라고 솔직하게 이야기해 보세요. 친구들이 괴롭힘이 잘못된 행동이라는 걸 깨닫고 괴롭힘을 멈추는 데 힘을 보탤 수 있어요.

친구가 괴롭힘을 당할 때 도와주는 것도, 내가 힘들 때 도움을 요청하는 것도 모두 용기가 필요한 일이에요. 여러분의 작은 용기가 괴롭힘을 멈추는 첫발이 될 수 있답니다.

5. 포토 카드 구하는 게 죄는 아니잖아!

"에휴…."

연지는 아이돌 그룹 '체리블랙'에 푹 빠져 있다. 그런데 요즘 부모님께 말하지 못할 고민이 생겼다. 열심히 모은 용돈을 다 털어서 포토 카드가 들어 있는 체리블랙의 앨범을 여러 장 샀건만, 정작 가장 좋아하는 멤버 '제인'의 포토 카드가 단 한 장도 나오지 않은 것이다. 제인의 포토 카드 하나만 구할 수 있다면 소원이 없겠다고 생각하던 연지는 답이 보이지 않는 상황에 한숨만 푹푹 내쉬고 있었다.

"지난번에도 용돈 다 써서 엄마 아빠한테 부탁했다가 엄청 혼만 났단 말이야. 이번에도 또 용돈 더 달라고 했다간…. 어휴, 생각도 하기 싫다."

"그럼 포토 카드 교환할 사람을 찾아보는 건 어때?"

"어디서?"

"나도 들은 이야기긴 한데, 오픈 채팅 아이돌 채팅방에선 포토 카드를 서로 교환한다고 하더라고."

걱정스러운 눈빛으로 연지를 바라보던 가영이는 온라인 채팅에서 만난 친구가 들려주었다던 아이돌 채팅방 이야기를 전했다.

"아이돌 채팅방?"

연지는 가영이의 대답에 고개를 갸우뚱했다.

"아이돌 덕질하는 사람들끼리 모여 있는 채팅방이래. 같은 멤버 좋아하는 사람들이 모여서 덕질도 하고 굿즈도 교환하는 그런 채팅방인가 봐. 가끔은 아이돌 얘기 말고 학교 얘기 같은 일상 대화도 나눈다더라."

가영이의 말을 들은 연지의 눈이 반짝였다. 바라고 바라던 최애 멤버 제인의 포토 카드를 구할 수 있을 거란 기대감에 마음이 두근거리기 시작했다. 오픈 채팅방은 연지에게도 낯설지 않았다. 그도 그럴 것이, 방학이 끝나자마자 가영이가 귀찮을 정도로 채팅방에서 알게 된 사람들 이야기를 했기 때문이다.

사실 그때 연지는 이야기를 듣는 둥 마는 둥 했으며, 심지어는 속으로 가영이를 조금 한심하게 생각하기도 했다.

'옆에 있는 친구들이랑 연락하면 되지, 얼굴도 모르는 사람들이랑 이야기를 왜 해?'

하지만 이제 상황이 달라졌다. 연지는 가영이의 채팅방 이야기에 자연스레 귀가 쏠렸다. 관심사가 비슷한 사람들과 자유롭게 이야기할 수 있는 곳이라니! 수업 시간 내내 연지의 머릿속은 오픈 채팅방 생각으로 가득 차 있었다. 제인의 포토 카드를 구할 방법이 있다는 생각에 수업은 귀에 들어오지도 않았다.

수업이 끝나자마자 스마트폰을 꺼내 메신저 앱에 들어간 연지. '체리블랙'을 검색해 채팅방을 찾기 시작했다. 여러 목록 중 '체리블랙 포카 교환 겸 10~13 소통방(152명)'이라는 채팅방이 눈에 띄었다.

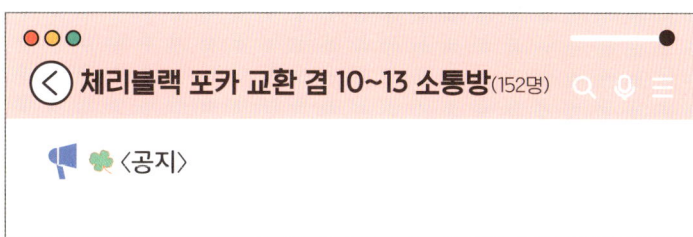

> 체리짱님이 채팅방에 입장했습니다.
>
> 🍀 〈공지〉
> 안녕하세요 ~ 체링이들의 포카 교환·양도방입니다.
> 공지는 처음부터 끝까지 완독해 주세요.
> 무단 홍보는 신고, 내보내기합니다.

연지는 제일 좋아하는 멤버 제인의 사진으로 프로필 사진을 바꾼 뒤, '체리짱'이라는 닉네임으로 채팅방에 입장했다. 그리고 채팅방 속 사람들의 대화를 가만히 지켜보다가 용기를 내어 첫인사 메시지를 보냈다.

안녕하세요! 체리짱

혹시 이번 앨범 제인이 포토 카드
있으신 분 계신가요?

있다면 다른 멤버 포카와
교환하고 싶습니다~!

연지의 채팅 이후 곧바로 여러 사람의 답장이 쏟아져 내렸다.

 뚜빈　님 저도 제인이 최애예요.

 himyong　지난 앨범 포카는 어려울까요?

 쳅쳅　나 오늘 학교에서 완전 짱나는 일 있었다...

 쳅쳅　궁금한 사람?

 구름　아 배고파~~

정신이 없을 정도로 많은 답장이 실시간으로 달리던 중, 연지의 눈길을 사로잡는 답변이 하나 보였다.

 블링이　체리짱님, 로아 포카랑 맞교환 가능할까요? 갠톡 주세용!

'이렇게나 일이 쉽게 풀릴 줄이야! 심지어 로아 포카면 이미 두 개나 있는 거잖아.'

설레는 마음을 가득 안은 연지는 '블링이'에게 일 대 일 대화 요청을 시도했다. 체리블랙의 팬이라는 공통된 주제로 시작한 둘의 대화는 한 시간 동안 이어졌다.

너도 6학년이야?

거리도 가깝고 나이도 같네.
진짜 신기하다!

연지는 채팅을 통해 블링이가 같은 6학년이며, 자신과 한 시간 거리에 산다는 사실을 알게 되었다. 그들은 체리블랙의 뮤직비디오 이야기도 하고, 각자 좋아하는 멤버의 근황을 나누기도 하며 즐거운 대화를 이어 나갔다. 얼굴을 보지 않았지만 친구만큼 가까워진 느낌이 들었다. 두 사람은 주말까지 각자의 포토 카드를 택배로 보내기로 약속했다.

대화가 끝나자마자 연지는 교환할 포토 카드를 포장해 우체국으로 향했다. 블링이가 보내 준 주소로 재빨리 택배를 보내고 나서, 연지는 제인의 포토 카드를 손에 넣을 수 있다는 생각에 신이 났다.

하지만, 일주일이 지나도 연지네

집 앞 택배함은 깜깜무소식이었다. 불안해진 연지가 블링이에게 연락을 시도했지만, 안 읽음 표시인 '1'은 오랫동안 사라지지 않았다.

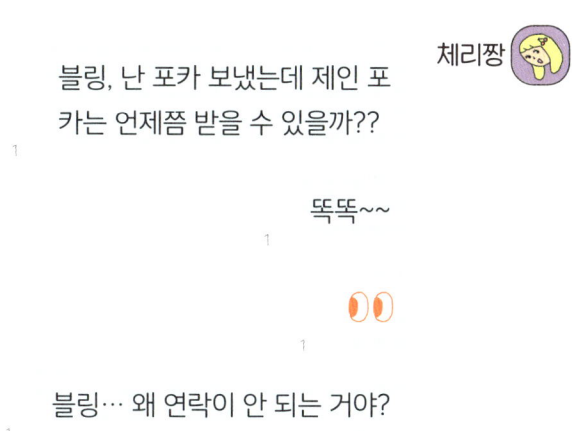

채팅방은 쥐 죽은 듯 조용했고, 심지어 처음 만난 오픈 채팅방을 살펴보니 블링이는 이미 나가 있는 상태였다. 며칠 전까지도 즐겁게 이야기를 나누던 친구가 한순간에 먼지처럼 사라진 것이다. 연지는 허망한 감정에 혼란스러운 밤을 지새웠다.

"너 사기 당했네!"

연지의 이야기를 들은 가영이가 말했다. 연지는 자신같이 똑똑하고 현명한 어린이가 사기를 당했다는 사실을 믿고 싶지 않았다. 더군다나 긴 시간 대화를 나누며 나름대로 가까워졌다고 생각했던 친구에게 사기를 당하다니, 그 배신감은 이루 말할 수 없었다. 단지 좋아하는 아이돌을 응원하는 마음으로 포토 카드를 모았을 뿐인데 그 마음이 이렇게 아픈 경험으로 이어지다니, 체면이 바닥 끝까지 떨어진 기분이었다. 연지는 속상한 마음을 안고 집에 돌아왔고 용기를 내어 부모님께 채팅방에서 있었던 일을 털어놓았다.

"죄송해요. 포토 카드를 너무 구하고 싶은 마음에 그만…."

크게 화를 내실 것 같았던 아빠는 오히려 연지를 따뜻하게 위로해 주셨다.

"네가 좋아하는 것을 추구하는 일은 잘못이 아니야. 하지만 낯선 사람과의 거래는 조금 더 조심할 필요가 있지."

"아빠 말이 맞아. 이번에는 포토 카드로 끝났지만, 나중에는 더 큰 금액까지 사기를 당할 수도 있단다. 심지어 연지 너, 집 위치까지 알려 주었지? 낯선 사람과 연락할 때 집 주소나 이름 같은 개인 정보를 함부로 공유해서는 안 돼."

연지는 부모님의 말씀을 듣고 마음이 조금 편해졌다. 하지만 해결되지 않은 문제가 여전히 남아 있었다.

"그 블링이라는 사람은 신고했지?"

"신고요?"

"그래. 오픈 채팅방에서 만난 사람 중에 나쁜 행동을 한 사람을 신고할 수 있는 기능이 있을 거야. 그 사람이랑 주고받은 대화는 아직 남아 있지?"

"네. 그건 왜요?"

"그걸 캡처해서 신고서에 첨부하면 돼."

연지는 아빠의 도움을 받아 블링이와의 대화 내용을 캡처했고, 메신저 앱에 신고서를 제출했다. 신고를 완료한 연지는 비록 즉시 문제가 해결되진 않았지만, 무언가 조치를 취했다는 생각에 조금 후련한 마음이 들었다.

"잘했어. 더 이상 걱정 말고, 같은 실수는 반복하지 않도록 조심하자."

"네, 아빠. 다음부터는 꼭 더 신중하게 행동할게요."

"그나저나… 용돈을 또 계획 없이 다 사용했다고?"

방금까지 온화한 말투로 연지를 위로하시던 아빠의 표정이 금세 바뀌었고, 그날 연지는 집안일로 긴 밤을 보냈다. 다음 달 용돈 삭감은 덤이었다.

"게임 아이템 사 주고 고액 이자 갈취"
10대 노리는 대리 입금

 가영

"5만 원 급전 가능", "당일 송금 가능"이라는 SNS를 메시지를 보고 연락한 한 10대 청소년이 대리 입금 사기에 당했다는 사실이 알려졌습니다. 처음에는 "5만 원만 빌려주겠다"는 말에 혹했지만, 상대는 곧 "이자 먼저 보내야 한다", "학생증 사진을 보내라" 같은 요구를 하기 시작했습니다. 결국 돈도 못 받고 개인 정보만 넘겨주고 협박까지 받은 피해자가 속출하고 있습니다.

얘들아, 이런 기사가 있어. 우리도 조심하자.

나도 얼마 전에 사기 당했어ㅠㅠ 연지

 수빈 헉! 괜찮아?

응. 아빠가 도와줘서 신고했어. 걱정 마! 연지

 https://bit.ly/41TCkCs (한국일보)

함께 이야기해 봐요!

▶ 관심사로 통하는 우리

연지가 들어간 채팅방은 '덕질방'이라고 불리기도 해요. 덕질은 좋아하는 것에 푹 빠져 무엇이든지 찾아보고, 모으고, 사랑을 쏟는 일이죠. 연지는 아이돌 채팅방에서 얼굴도 모르는 친구와 이야기를 나누며 금방 친해졌어요. 좋아하는 아이돌의 앨범 소식과 최신 근황을 이야기하면서 마치 오래된 친구와 대화하는 것 같은 즐거움을 느꼈죠.

이처럼 채팅방에서는 같은 관심사를 가진 사람들과 재미있는 이야기를 나눌 수 있어요. 이러한 대화는 메신저 앱뿐만 아니라 게임 채팅, SNS 채팅, 카페 채팅 등 다양한 곳에서 가능하답니다. 누군가와 관심사를 공유하는 건 정말 신나는 일이에요. 비슷한 관심사에 대해 함께 이야기를 나누다 보면, 자신이 좋아하는 것을 더 깊이 이해하고, 새로운 정보도 빠르게 얻을 수 있답니다. 또한, **새로운 친구를 사귀고 더 넓은 세상을 경험할 수 있는 것도 큰 장점이지요.**

▶ 채팅하다가 사기를 당한다고?

관심사가 비슷한 사람들끼리 채팅할 때에도 조심해야 해요. 연지가 포토 카드 교환 과정에서 블링이라는 이름 모를 사람에게 사기를 당한 일을 떠올려 보세요. 블링이는 포토 카드를 보내지 않는 것에 그쳤지만, 조

금 더 나쁜 마음을 가진 사람이라면 집 주소와 같은 개인 정보로 협박성 채팅을 보낼 수도 있어요. 듣기만 해도 무서운 일이죠?

실제로 익명의 사람들과 대화하다 보면 연지와 같은 위험을 접할 가능성이 있어요. 게임 채팅에서도 아이템을 교환하기로 한 후 약속을 지키지 않고 게임을 나가 버리는 경우는 흔하답니다. SNS 채팅을 통해 아이돌 굿즈 직거래를 약속했지만, 배송이 오지 않아 확인해 보니 사기였다는 사례도 많고요. 특히 어린이들을 대상으로 한 온라인 거래 사기는 꾸준히 증가하고 있어요. 부모님 동의를 받아야 하는 공식 사이트 거래나 중고 거래와는 달리, **채팅을 통한 거래는 간섭하는 사람도 없고 위험한 일을 막기 어렵다는 특징이 있거든요.** 그래서 어린이들이 쉽게 피해자가 되죠. 채팅에는 많은 사기 위험이 있다는 사실을 잊지 말아요!

▶ 안전과 즐거움, 두 마리 토끼 잡기

관심사가 비슷한 사람들과 즐겁게 이야기를 나누면서도 안전하게 채팅을 즐기려면 어떻게 해야 할까요? 다음 규칙을 지킨다면 누구보다 즐겁고 안전하게 온라인 채팅을 할 수 있을 거예요.

첫째, 개인 정보는 공유하지 않아요.
이름과 주소, 전화번호 같은 개인 정보는 절대 알려 주면 안 돼요. 거래를 핑계로 누군가가 물어본다면 "제 개인 정보는 공유할 수 없어요."라고 말합시다. 정말 거래가 필요한 상황이라면, 택배를 맡길 수 있는 다른 장소(편의점 택배, 안심택배 보관함 등)를 이용하거나 부모님께 도움을 요청하는 것이 어떨까요?

둘째, 온라인 채팅을 통한 거래는 신중하게 해요.

값비싼 물건은 정식 거래 사이트를 이용하는 것이 좋아요. 채팅을 통한 개인 간 거래는 물건에 문제가 생기거나 배송에 오류가 있을 경우 보상을 받기 어려운 반면, 공식 거래 사이트는 보상 제도가 마련되어 있을 거예요. 만약 중고 거래 플랫폼에서 직거래를 하고 싶다면 부모님에게 거래 일시와 장소를 미리 알려 드리는 것도 좋은 방법이에요.

셋째, 채팅에서의 거래는 부모님이나 선생님께 공유해요.

채팅을 통해 새로운 친구를 사귀거나 거래를 할 때는 항상 부모님께 말씀드리세요. 더욱 안전하게 온라인 생활을 즐길 수 있어요.

6. 혹시… '오이'세요?

"이엘아, 오이 마켓에 네가 만든 굿즈를 팔아서 돈을 모으는 건 어때?"

연지의 제안에 이엘이의 눈이 반짝였다.

"오이 마켓?"

"그래, 오이 마켓. 이엘이 너 금손이잖아. 네가 만든 굿즈 인형을 팔아서 돈을 버는 거지."

"돈이 급하긴 한데…."

좋아하는 인디 밴드의 새로운 앨범이 나왔지만 이엘이에게는 그림의 떡이었다. 이미 용돈을 다 써 버렸기 때문이다. 만들기 솜씨가 뛰어난 이엘이는 친구들을 위해 캐릭터 인형을 만들어 주곤 했다. 이를 기억한 연지가 굿즈를 중고 거래 플랫폼에 올려 판매하는 게 어떻겠냐고 제안한 것이다. 오이 마켓은 근처에 사는 동네 사람들과 중고 거래를 할 수 있는 앱이었다.

'내가 만든 굿즈를 누가 사기나 할까?'

이엘이는 걱정이 많았다. 직접 만든 물건이 팔릴지도 걱정되었고, 좋아하는 밴드가 유명하지 않아 사람들의 관심을 받지 못할 것 같기도 했다. 의심 반 호기심 반의 마음으로 오이 마켓에 들어간 이엘이는 사람들이 올린 판매 글을 한참 살펴보았다.

"이렇게 올리는 거구나? 그렇다면 내 인형 가격은 8,000원 정도가 좋겠네."

이엘이는 직접 만든 인형을 쿠션 위에 예쁘게 올려놓고 사진을 여러 장 찍었다. 그리고 정성스러운 소개 문구를 써서 판매 글을 올렸다. 글을 올린 뒤 이엘이는 손톱을 물어뜯으며 사람들의 반응을 기다렸다.

그러나 며칠이 지나도 인형을 사고 싶다는 연락은 오지 않았다. 그렇게 잊고 지내던 어느 날 오이 마켓의 알람이 울렸다. 인형을 구매하고 싶다는 사람이 나타난 것이다.

 고구미

(똑똑)

혹시 인형 아직 판매할까요?

이엘이는 쪽지를 열어 보며 기뻐했다. 하지만 문득 걱정이 들었다. 자신이 그 밴드를 더 이상 좋아하지 않아서, 즉 '탈덕'을 하여 인형을 판다고 오해받을 수도 있겠다는 생각이 들었다. 이엘이는 바로 답장을 보냈다.

엘이

네 판매합니다! 혹시 오해하실까 봐 미리 말씀 드리는데, 저는 탈덕한 게 아니에요. 새 앨범을 사기 위해 돈을 벌려고 인형을 파는 거예요!

 고구미

네ㅎㅎ 저도 이 밴드 정말 좋아해요. 반가워요!

엘이

우아 반갑습니다ㅎㅎ 주변에 이 밴드 좋아하는 사람을 많이 못 봐서 더 반갑네요!

이 인형 말고도 제가 만든 다른 굿즈도 있는데, 같이 보내 드려도 괜찮으실까요?

 고구미

오 감사합니다ㅠㅠ

제가 사실 이 동네로 이사온 지 얼마 안 됐거든요.

같이 덕질할 친구가 없어서 외로웠는데 같은 팬을 만나니 너무 반갑네요.

저도요! 엘이

우리 서로 덕질 메이트가 되면 어때요?

 고구미

덕질 메이트요?

같이 좋아하는 밴드 이야기하면서 정보도 공유하는 그런 사이랄까요:) 엘이

좋아하는 밴드에 대해 마음껏 이야기할 수 있는 덕질 메이트가 생긴다는 사실에 이엘이의 가슴이 두근거렸다. 그렇게 둘은 밴드에 관한 소소한 이야기들을 나누며 약속을 잡았다.

약속 당일, 이엘이는 설레는 마음으로 약속 장소에 도착했다. 평일 오후라 그런지 공원은 한적했다. 구매자 '고구미'를 기다리고 있는데, 멀리서 20~30대로 보이는 여자 어른이 다가왔다.

"혹시… 오이세요?"

여자가 물었다. 이엘이와 여자의 눈빛이 동시에 흔들렸다. 이엘이는 상대방도 자신과 같은 초등학생일 거라고 생각했기 때문에 무척 놀랐다. 여자의 얼굴에도 당황한 기색이 역력했다. 이엘이는 조심스럽게 대답했다.

"네. 맞아요. 혹시 고구미 님?"

"어, 어…. 네."

"아…. 일단 여기 인형 가져가세요."

"아, 네…. 인형 정말 귀엽네요. 여기 돈 받아요."

둘은 당황함을 숨기고 간단히 인사를 나눈 뒤 거

래를 진행했다. 돈을 받고 가려던 찰나, 어른은 무언가 망설이는 듯하더니 갑자기 자신의 가방에서 물건을 꺼내 이엘이에게 건넸다.

"사실 엘이 님이 좋아하실 것 같아서 같이 가져왔어요. 지난번 밴드 콘서트에서 받은 굿즈예요."

고구미는 이엘이를 위해 밴드의 또 다른 굿즈를 가져왔던 것이었다. 순식간에 긴장이 풀린 이엘이는 감동하며 굿즈를 받았다.

"와! 이 굿즈 진짜 갖고 싶었던 건데!"

그 순간, 두 사람은 함께 웃음을 터뜨렸다. 말하지 않아도 통하는 게 있었던 걸지도 모른다. 나이대는 다르지만 같은 관심사를 가졌다는 사실은 둘에게 큰 유대감을 가져다주었다. 거래가 끝난 뒤 이엘이는 신나는 발걸음으로 집으로 돌아갔다.

'좋은 인연이 생길 것 같은 예감이 들어.'

처음엔 또래가 아니라 당황했지만, 막상 생각해 보니 나이는 문제가 되지 않는 것 같았다. 채팅방에선 성인 대 초등학생이 아닌, 팬 대 팬으로 대화가 이루어지기 때문이다. 집으로 돌아온 지 몇 시간 후, 이엘이의 스마트폰이 다시 울렸다. 구매자 고구미가 기프티콘을 보낸 것이다.

 고구미

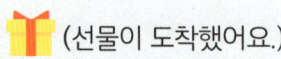 (선물이 도착했어요.)

인형이 너무 귀여워요!
감사합니다:)

즐거운 덕질하라고 선물해요!

이엘이는 슬며시 웃음이 흘러나왔다. 굿즈를 귀엽게 봐 준 것도 고마운데, 선물까지 받다니 가슴이 따뜻해지는 느낌이었다. 이후에도 이엘이와 고구미는 오이 마켓에서 채팅을 이어 나갔다. 좋아하는 밴드가 같으니 하고 싶은 말이 넘쳐 났다.

 고구미

사실 처음에 판매자 님이
초등학생이라는 걸 알고
너무 당황했어요.

저도요ㅎㅎ 저는 구매자 님도 당
연히 초등학생일 줄 알았어요!

엘이

 고구미　이 밴드 좋아하는 사람 중에 어린 친구는 드문데…

어떻게 해서 이 밴드에 관심 갖게 되었는지 알려 줄 수 있어요?

아 저는…　엘이

서로의 팬심을 나누다 보니 자연스럽게 오랜 시간 채팅이 이어졌다.

근데 막상 고구미 님과 이야기해 보니까　엘이

나이는 크게 상관이 없는 것 같아요.

혹시 괜찮으시면, 가끔 이렇게 같이 밴드 이야기하는 건 어때요?

 고구미　좋아요ㅎㅎ 밴드 소식도 공유하고~!

 고구미 그런데 엘이 님 부모님께서 걱정하실 수 있으니까,

부모님께도 어른 덕질 메이트가 생겼다고 미리 알려 드리면 좋을 것 같아요:)

네, 그럴게요!  엘이

이엘이는 부모님께 이야기를 공유했고, 부모님께서는 이엘이의 이야기를 흥미롭게 들으셨다.

"재미난 인연이네! 그래도 위험할 수 있으니까, 밖에서 따로 만나는 건 자제하는 게 좋겠어."

"엄마 말이 맞아. 혹시 오프라인에서 만나야 한다면 우리에게 먼저 이야기해야 한다."

"아이 그럼요! 그래서 말인데 엄마 아빠, 제가 좋아하는 밴드가 새 앨범을 냈는데…."

"냈는데?"

"용돈이 다 떨어져서…."

"뭐?!"

　오이 마켓에 올린 이엘이의 인형은 더 이상 팔리지 않았다. 하지만 그런 건 큰 문제가 아니었다. 새로운 친구와 함께 더 즐겁게 덕질 생활을 할 수 있게 되었으니까. 이엘이의 가슴은 마냥 두근거렸다.

오늘의 채팅방 뉴-스

오이 마켓에서 포토 카드 샀는데…

연지: 얘들아 나 어제 포토 카드 구했어!!

규리: 누구 포카??

연지: 당연히 우리 제인이 포카지ㅠㅠ 진짜 구하기 힘들었는데 찾았어!!

해린: 오 어디서 샀어?

연지: 오이 마켓ㅋㅋ 근데… 파는 분이 어른이었어!

규리: 헉 엄마한테는 말씀드리고 간 거지?

연지: 당연하지! 저번에 이엘이가 오이 마켓에서 어른 만난 얘기 듣고 엄마한테도 말씀드렸지

해린: 어떻게 거래했는데?

연지: 학생이라 멀리 못 간다고 했더니 우리 동네까지 직접 와 주셨어~

규리: 우아… 완전 감사한 분이네

연지: 그래서 포카 받고 인사도 열심히 하고, 미리 손 편지랑 사탕 준비해서 드렸어ㅎㅎ

해린: 대박~ 감동 받으셨겠다!

https://bit.ly/4j4v9yl (머니투데이)

함께 이야기해 봐요!

▶ 중고 거래에서도 필요한 채팅

중고 거래를 할 때도 온라인 채팅을 활용해요. 이엘이가 오이 마켓에서 인형을 팔 때 채팅을 통해 구매자와 소통한 것처럼요. 사람들은 채팅으로 가격을 정하고, 거래 장소와 시간을 정해요. 그 과정에서 이엘이와 고구미처럼 다양한 사람과 인연을 만들기도 한답니다.

우리나라의 중고 거래 플랫폼 사용률은 날이 갈수록 늘고 있어요. 중고 거래를 할 때 예절을 지키는 것은 원활한 거래와 좋은 관계를 유지하는 데 매우 중요하죠. 그렇다면 중고 거래 과정에서 채팅할 때는 어떤 예절을 지켜야 할까요? 안전하면서도 즐거운 중고 거래를 위해 다음 내용을 참고하세요.

 중고 거래 시 지켜야 할 채팅 매너

- 존댓말을 사용하며 서로를 존중해요.
- 욕설, 비방, 혐오 표현 등은 절대 사용하지 않아요.
- 서로의 시간을 소중히 생각하며 약속 시간을 지켜요.
- 거래 도중 갑자기 연락을 끊지 않도록 해요.
- 따뜻한 감사 인사로 대화를 마무리해요.
- 늦은 시간, 특히 새벽에는 채팅을 자제해요.

▶ 어른과의 특별한 채팅

　채팅에서 만나는 사람들이 모두 내 또래인 것은 아니에요. 가끔은 나보다 훨씬 나이가 많은 어른들도 채팅 상대로 만날 수 있지요. 이엘이와 고구미처럼요.

　하지만 어른과의 채팅이 모두 이렇게 훈훈한 것은 아니에요. 때로는 나쁜 의도를 가진 어른을 만나 위험에 처할 수도 있답니다. 그러니, **채팅 상대가 어른일 경우에는 꼭 부모님께 자세히 말씀드려야 해요.** 어른과 중고 거래를 하게 된다면 "부모님, 저 오늘 이런 거래가 있어요!"라고 미리 알려 드립시다. 물론 가장 안전한 방법은 부모님과 함께 거래 장소에 가는 것이겠죠?

　안전 규칙들을 잘 지킨다면 나이와 상관없이 즐거운 경험을 할 수 있을 거예요. 그러니 안전하게 채팅을 즐기며 새로운 친구들과 따뜻한 추억을 많이 만들어 보세요. 누가 알겠어요? 멋진 어른 친구를 만날 수 있을지!

7. 내 게임 실력의 비밀

스마트폰을 하는 승민이 주위에 친구들이 몰려 있다. 승민이는 게임을 잘하기로 유명했는데, 특히 친구들 사이에서 유행 중인 좀비 게임을 잘했다. 더군다나 지난달에는 좀비 게임 최고 레벨에 도달해 친구들의 부러움을 한 몸에 받았다. 승민이의 짝꿍 연지는 친구들에게 승민이를 좀비 게임 왕이라 소개하곤 했다.

"우리 학교에서 승민이보다 높은 레벨 없을걸? 우리 학교 좀비 게임 레전드잖아."

게임이 안 풀릴 때면 승민이에게 다가가 공략법을 묻는 친구들도 있었다.

"승민아 이 맵 어떻게 깨는 건지 알려 줄 수 있어?"

"여기선 어떤 아이템을 쓰는 게 좋아?"

그런데 그때마다 승민이는 대수롭지 않은 듯이 대답했다.

"글쎄, 너무 오래되어서 기억이 잘 안 나네."

무심한 대답에 흥미를 잃은 친구들은 승민이를 뒤로 하고 이엘이에게 다가가 다시 묻곤 했다. 승민이보다 낮은 레벨이긴 하지만 이엘이 역시 꽤나 높은 레벨에 속해 반 친구들 사이에서 게임 이인자로 불리기 때문이다. 친절하게 답해 주는 이엘이를 보며 승민이는 속으로 중얼거렸다.

'쟤한테 물어봤자지. 나보다 잘하겠어? 그리고 공략법은 무슨. 어떻게 알아낸 건데 함부로 알려 줄 순 없지.'

승민이는 애초에 자신이 알아낸 공략법을 나눌 생각이 없었다.

승민이도 처음부터 게임을 잘한 것은 아니었다. 아무리 노력해도 깨지 못하는 맵에 좌절감을 느끼기 일쑤였다. 그러던 어느 날, 어려운 맵을 깨는 비법을 열심히 검색하던 승민이는 흥미로운 댓글을 발견했다.

┗ whaqldhkd12
카톡 "좀비 소통방"에서 같이 좀비 게임 정보 공유해요.

안 그래도 혼자 게임을 하는 것에 지루함을 느끼던 참이었다. 더군다나 게임 정보를 공유한다니, 승민이가 들어가지 않을 이유가 없었다. '좀비 소통방'을 검색하니 여러 채팅방 목록이 보였고, 승민이는 그중 가장 위에 있던 '13 좀비 게임 소통방'을 선택했다.

안녕하세요. 승승

인사를 건네자마자 많은 사람의 인사가 쏟아져 내렸다. 채팅방은 마치 쉬는 시간의 시끌벅적한 교실 같았다. 사람들은 채팅방에서 게임 경험을 나누고, 서로의 질문에 답하며, 새로운 전략을 공유하고 있었다. 승민이는 채팅방의 활기와 열기를 느끼며 자신도 그 일부가 된 것처럼 흥분했다.

님들 이 맵 어떻게 깨요? 승승

히다 어디 서버? 같이 하면서 도와주겠음

 뽀시래기   3 서버로 고고

 좀비렛츠고   보석부터 구하고 들어와요.

음성 채팅이 시작되었습니다

"와, 이렇게 하는 거였구나!"

승민이는 채팅방 속 사람들과 음성 채팅을 하며 열심히 게임 속 몬스터를 공격했다. 혼자 할 때는 몇 시간이 걸렸던 맵이지만 여러 사람과 함께하니 쉽게 헤쳐 나갈 수 있었다.

몇 분이 지나자 게임 속 좀비는 모두 전멸했고, 스마트폰 화면 속에는 'WIN'이라는 글자와 함께 폭죽이 터졌다. 승민이는 마치 천군만마를 얻은 듯 든든함을 느꼈다.

승민이는 그렇게 며칠 만에 최고 단계에 도달했고 학교 친구들 사이에서 게임 레전드로 불리게 되었다. 친구들이 최고 단계에 도달할 수 있는 비결을 물어보면 승민이는 웃음으로 대답을 대신했다. 채팅방 사람들의 도움을 빌렸다는 대답이 쉽게 입 밖으로 떨어지지 않았기 때문이다. 자신을 레전드라고 부르며 부러워하는 친구들의 생각을 깨고 싶지 않았다.

그러던 어느 날, 숨기고 싶은 비밀이 마침내 드러나고 말았다.

"어? 이거 뭐야? 좀비 소통방?"

호기심 많은 짝꿍 연지가 우연히 승민이의 스마트폰 화면을 본 것이다. 화면 속에는 좀비 소통방의 채팅이 띄워져 있었다.

안 그래도 큰 연지의 목소리가 교실에 울려 퍼졌다. 승민이는 깜짝 놀라 스마트폰을 급히 감췄지만 이미 늦은 상황이었다. 주변 친구들이 하나둘씩 궁금한 눈빛을 보내며 승민이 곁으로 몰려들었다. 승민이는 얼굴이 화끈거렸다. 레전드의 비결이 들통나는 순간이었다.

"좀비 소통방이면 좀비 게임하는 사람들이랑 소통하는 방 아니야?"

"우아 그런 게 있었어?"

"승민이 너, 그동안 채팅방에서 정보 얻은 거야?"

친구들은 놀란 듯 물었다. 누구보다 승민이를 칭찬했었던 연지는 실망한 표정으로 말했다.

"뭐야, 나는 혼자 노력했는데…."

친구들의 실망스러운 눈초리에 승민이는 어쩔 줄 몰랐다. 바닥을 보며 손을 꼭 쥐고 무슨 말을 해야 하나 고민하던 승민이에게 이엘이의 목소리가 들렸다.

"채팅방에서 정보를 얻은 게 뭐가 어때서? 우리도 친구들한테 꿀팁 물어볼 때 많잖아. 그거랑 비슷한 거 아냐?"

승민이는 이엘이를 무시했던 과거의 자신이 떠올라 얼굴이 빨개졌다. 자신의 편을 들어 준 이엘이에게 고마운 한편 왠지 모를 불편한 감정도 들었다. 이엘이의 이야기를 들은 친구들은 곧 고개를 끄덕였다.

"그래, 뭐 그게 잘못은 아니지. 승민아, 그럼 우리한테도 정보 좀 공유해 줘!"

이엘이의 변호 덕분에 승민이의 얼굴은 점차 누그러졌고, 친구들도 하나둘씩 이엘이의 말에 동의했다.

진정된 분위기 속에서 승민이는 자신이 채팅방을 알게 된 계기를 천천히 설명하기 시작했다. 친구들은 앞다투어 승민이에게 채팅과 게임에 대한 궁금한 점을 물어보았다.

"승민아 그 채팅방 사람들은 어떤 사람들이야?"

"이 레벨에선 어떤 아이템이 좋아?"

"이 아이템은 어떻게 얻을 수 있어?"

"승민아 놀이동산 맵에서….'

여러 질문에 말로만 설명하기 어려웠던 승민이는 학교가 끝난 후 반 친구들과 게임 속에서 만나기로 하며 약속을 잡았다.

 연지　승민아 저 스킨은 어떻게 구한거야?

아, 이거 이벤트로 얻은 스킨인데. 잠시만　승승

 이엘 얘들아 일단 음성 채팅으로 들어와 봐. 같이 하자.

그래 좋아. 승승

음성 채팅이 시작되었습니다

며칠이 지나자, 이엘이를 포함해 육사반의 많은 학생이 좀비 게임의 최고 레벨을 달성했다. 승민이는 더 이상 좀비 게임의 레전드라 불리는 영광을 누릴 수 없었다. 그러나 친구들은 모두 승민이에게 고마움을 느꼈다. 승민이의 도움으로 게임 레벨이 높아질 수 있었기 때문이었다. 반 모두가 마치 하나의 팀이 된 것처럼, 서로의 게임 실력을 높여 주며 게임 속에서 함께 웃고 함께 이겨 나갔다.

게임 소통방은 이제 승민이와 친구들 모두의 비밀 병기가 되었다. 각자 속해 있는 채팅방에서 새로운 게임 전략을 알게 되면 반 친구들에게 바로 공유하곤 했다. 혼자서 잘하는 것보다 함께하는 것이 훨씬 큰 즐거움을 가져다준다는 사실을 알게 된 승민이. 승민이에게 게임은 더 이상 혼자만의 자랑거리가 아니었다. 우정을 쌓는 통로였다.

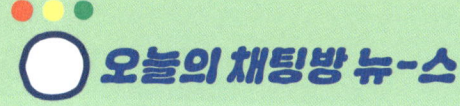 

오해에서 우정으로… 게임 속 자동 번역의 마법

한 온라인 게임에서 놀라운 일이 벌어졌습니다. 서로 다른 언어를 쓰는 플레이어들이 한 팀으로 게임하는 과정에서 오해를 풀고 친구가 된 이야기입니다.

'승승'이라는 아이디를 쓰는 한국 유저는 처음에 중국인 유저가 자신을 무시하는 줄 알고 화를 냈습니다. 하지만 게임 속 자동 번역 기능을 통해 확인해 보니, 중국인 유저의 말은 공격하는 말이 아니었습니다. 단순한 게임 전략 이야기였던 것입니다. 다른 나라 게이머들 역시 예의를 갖추며 협력을 요청하거나 팀원을 격려하는 말을 자주 건네고 있었습니다. 이후 두 유저는 오해를 풀고 함께 게임을 즐기는 친구가 되었다고 합니다.

게임에 자동 번역 기능이 생기면서 다른 나라 유저들과도 소통이 쉬워졌습니다. 디지털 기술은 언어의 벽을 넘어서 새로운 우정을 만들기도 합니다.

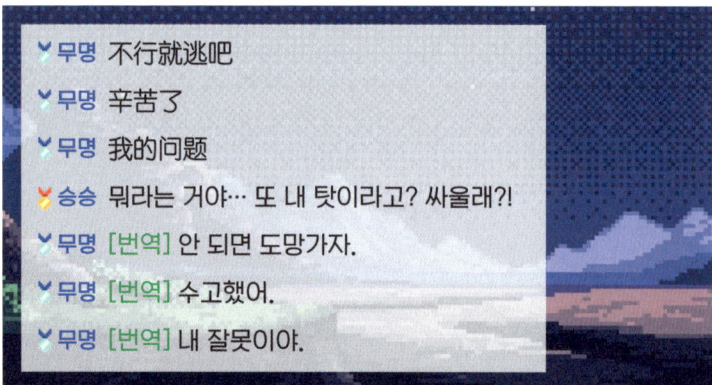

https://www.etnews.com/20241017000268 (전자신문)

함께 이야기해 봐요!

▶ 채팅을 하면서 게임을 즐길 수 있다고?

'게임 채팅' 하면 어떤 모습이 떠오르나요? 게임 안에 있는 채팅 창이 생각나나요? 물론 그럴 수도 있겠지만, 많은 사람들이 게임 내 채팅뿐만 아니라 게임 외부의 채팅 앱도 함께 사용하고 있어요. 대표적으로 '디스코드' 같은 앱이 있지요. 게임을 즐기는 친구들 사이에서 매우 유명한 앱인데요. 음성 채팅을 통해 친구들과 쉽게 대화할 수 있고, 실시간으로 전략을 짜는 데 도움이 됩니다. 또한 화면을 공유할 수도 있어서 게임 외에도 다양한 이야기를 나누는 데 사용할 수 있어요.

다른 예시로는 카카오톡의 '보이스룸'이 있어요. 보이스룸은 관심사를 바탕으로 모인 오픈 채팅방 안에서 사람들과 음성으로 대화하는 동시에 문자 채팅도 할 수 있는 기능인데요. 게임을 하면서 보이스룸을 사용하면 마치 전화 통화를 하듯이 자연스럽게 대화할 수 있답니다.

이처럼 다양한 채팅 앱이 점점 더 많은 사람에게 이용되고 있어요. 심지어 디스코드 앱 안에 게임 공식 채널을 만들어 이용자들에게 게임 소식을 직접 전하는 게임 회사도 있답니다. 그만큼 **게임에서 '채팅'은 중요한 역할을 하게 되었어요.** 게임을 즐기는 것뿐만 아니라, 그 과정을 통해 친구들과 더 가깝게 지낼 수 있고 서로에게 힘이 되어 줄 수 있는 거죠. 여러분도 이런 채팅 기능을 활용해서 게임을 더욱 재미있게 즐겨 보세요!

8. 욕 없이는 안 되겠니

"아니, 이걸 이렇게 한다고?"

컴퓨터 모니터 속으로 들어갈 것처럼 게임에 깊게 몰두했던 준이가 한숨을 크게 쉬었다. 모니터엔 'Lose'라는 글자가 떴고 준이의 캐릭터 '총잡이쭌'이 고개를 떨구고 있었다. 채팅 창에서는 서로의 실수를 비난하는 팀원들의 글이 쏟아지고 있었다. 준이도 질세라 팀원들에게 비난의 글을 작성했다.

🏆 **햄버거집빨대도둑** 게임 그 따위로 하지 마

🏆 **햄버거집빨대도둑** ##########

🏅 **못하면던짐** ###

🍍**못하면던짐** 잼민이 너 때문에 짐ㅋ

🍍**총잡이쥰** # 둘다 못함 ㅅㄱ

뒤이어 쏟아지는 욕설에 준이는 고개를 저으며 게임을 종료했다. 학원에 가기 전, 잠시 동안 게임을 즐긴 터였다. 컴퓨터 전원을 끈 준이는 여느 때와 같이 이웃 친구들에게 채팅을 보냈다.

학원 ㄱㄱ 지금 나오셈 준

 ㅇㅋ

 응 지금 나가는 중

준이, 승민, 연지 세 친구는 같은 아파트 같은 동에 사는 단짝이다. 같은 학원에 다니는 셋은 학원 가는 길에 나누는 짧은 대화로 소소한 즐거움을 느낀다. 가장 먼저 집에서 나온 승민이가 놀이터에서 친구들을 기다렸다.

"준이 왔냐? 너 또 게임하다 나왔지?"

"세 판 했는데 세 판 다 졌다. 에휴."

"나도 네가 추천해 줘서 어제 처음 그 게임 해 봤는데 기분 나빠서… 더 할진 고민을 해 봐야겠어."

기분이 나빴다던 승민이의 말이 준이는 이해되지 않았다.

"왜 기분이 나빠? 그 게임 재미있지 않아?"

"재미있긴 한데, 부모님 욕을 너무 많이 하니까 안 하고 싶더라고."

바나나를 물고 오며 뒤늦게 합류한 연지는 승민이의 말에 고개를 끄덕이며 둘 사이를 비집고 들어왔다.

"내 말이. 나도 그 게임을 하긴 하는데, 채팅 창은 진짜 못 봐주겠더라. 게임을 하는 건 부모님이 아닌데, 왜 자꾸 부모님 욕을 하는 걸까? 정말 이해할 수가 없어."

갑자기 나타난 연지에 놀란 승민이는 바나나를 먹는 연지의 입을 보며 인상을 찌푸렸다.

"홍연지, 바나나 좀 다 먹고 이야기해 줄래? 입안에 있는 거 다 보인다, 으…. 그나저나 그 사람들은 실제로 만났을 때도 그렇게 욕할 수 있을까? 모니터 뒤에 사람이 있다는 사실을 모르는 것도 아닐 텐데 말이야."

승민이의 말에 연지는 보란 듯이 입을 더 크게 벌리며 이야기했다.

"너보다 깨끗하다? 아무튼 나는 그런 채팅을 보면 무조건 신고부터 해. 부적절한 채팅을 하는 사람들을 신고하는 기능이 있더라고."

"신고하면 뭐가 달라져?"

"신고가 많으면 며칠 동안 게임을 못 하게 정지시킨대."

연지의 이야기에 승민이는 격하게 고개를 끄덕이며 신고 기능에 긍정적인 반응을 보였다.

"오 신고 기능이 있었구나! 나도 앞으로 채팅에서 분위기 흐리는 사람들 있으면 신고부터 해야겠다. 준아, 너는 어때? 또 다른 방법 있어?"

가만히 듣고 있던 준이는 어물쩍 대답을 넘기곤 대화를 다른 주제로 넘겨 버렸다.

"응? 나도 뭐 연지랑 비슷하게 하지. 그나저나 우리 오늘 숙제 뭐였지?"

승민이와 연지의 말을 곱씹던 준이는 왜인지 모르게 배가 아픈 기분이었다. 혹시 어제 준이가 욕을 한 사실을 승민이가 아는 건 아닐지, 친구들처럼 누군가 자신을 신고한 건 아닐지 준이의 마음속이 걱정으로 복잡해졌다.

생각해 보면 준이도 처음부터 욕을 했던 것은 아니다. 준이도 분명 게임을 처음 시작했을 때 욕이 포함된 채팅을 보며 기분 나빴던 기억이 있었다. 그러나 그런 경험이 쌓이면서 자신도 모르게 상대를 기분 나쁘게 만들 수 있는 채팅에 익숙해진 것이다. 별로라고 생각했던 행동을 그대로 하고 있었다니, 스스로에게 충격을 받은 준이었다.

학원이 끝나고 집으로 돌아온 준이는 다시 컴퓨터 전원을 켰다. 게임이 시작되는 동시에 채팅 창도 바쁘게 내려갔다. 준이네 팀이 지고 나니 역시나 채팅 창에 팀원들을 향한 비난, 욕설이 쏟아졌다.

🦌 **건들면뭅니다** 우리 집 개가 해도 이거보단 잘하겠다.

🏅 **quicksilver12** ㅉㅉ 네가 그러니까 친구가 없지

🏆 **네모네이드** 응 니 #####

준이는 오후에 있었던 일을 잠시 떠올렸다. 그리고 키보드 위에 올려 있던 손을 마우스로 옮겨 욕설을 남긴 사람들의 아이디 위에 뜨는 '신고하기' 버튼을 클릭했다.

"신고하시겠습니까? 신고하는 이유를 선택해 주세요."

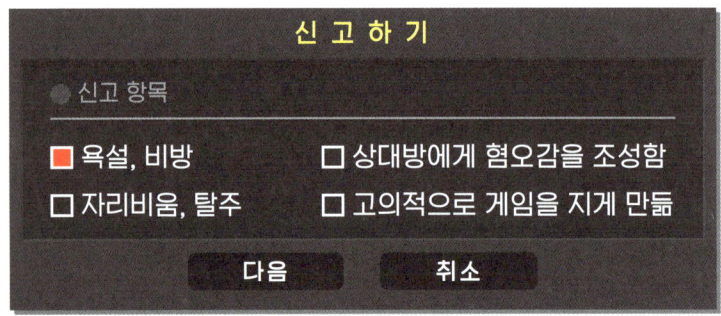

신고를 한 준이는 뿌듯함을 느꼈다. 게임을 즐기는 이용자로서 올바른 권리를 행사했다는 생각이 들었기 때문이다. 학원 가기 전 아팠던 배는 더 이상 준이를 괴롭히지 않았다. 준이는 컴퓨터를 끄고, 동네 친구들이 있는 단체 채팅방에 메시지를 남겼다.

우리 내일 학원 가기 전에 아이스크림 사 먹자. 내가 쏠게! 준

 연지 오 웬일?

그냥 기분이 왜인지 모르게 좋네. 싫음 말고~ 준

 연지 누가 싫대? 좋지~

 승민 나도 콜!

신고하길 잘했다. 준아~ 쓰담쓰담

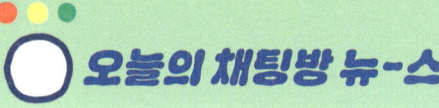 오늘의 채팅방 뉴-스

게임 채팅 욕설도 고소된다고?!

준: 아 진짜 오늘 게임하면서 완전 열받음!!

승민: 왜? 또 트롤 만났어?

준: 응… 그래서 나도 모르게 욕했음ㅋㅋ

연지: 근데 너 그거… 고소당할 수도 있는 거 알지?

준: 엥? 게임에서 욕한 건데? 나 어린이인데?

연지: 게임 채팅도 '모욕죄'로 걸린대… 실제로 청소년이 벌금 내거나 소년재판 간 사례도 있대ㅠㅠ

승민: 진짜? 무서운데…

연지: 특히 아이디나 캐릭터 콕 집어서 욕하면 더 문제라더라

준: 헉 나 오늘 팀원한테 "## 못하네"라고 했는데

연지: 그게 딱 고소 요건이래;;

승민: 앞으로 채팅 창에서 진짜 조심해야겠다

연지: 맞아, 말은 남고, 기록은 저장된다ㅋㅋ

준: 이제부턴 욕 대신 "수고하셨습니다"만 치겠음!!

https://bit.ly/4lOsUOI (교육정책뉴스)

함께 이야기해 봐요!

▶ 욕설, 혐오 표현 싫어요!

여러분도 게임을 하면서 나쁜 말을 듣고 기분이 나빴던 적이 있나요? 조사에 따르면, 청소년 10명 중 2명은 사이버 폭력을 경험했고, 그중 가장 흔한 유형이 게임에서의 욕설이나 나쁜 말이라고 해요.

이러한 나쁜 말은 단순히 게임 속에서만 끝나는 게 아니에요. **어떤 친구들은 이런 경험 때문에 마음에 큰 상처를 받고 우울해지거나 친구들과 잘 지내기 어려워하기도 하죠.** 우리는 게임할 때 서로에게 예의를 지키고, 나쁜 말을 하지 않도록 노력해야 해요. 긍정적이고 배려하는 태도로 말한다면 상대방도 나를 존중하게 되고, 모두가 즐겁게 게임을 할 수 있답니다.

게임 회사들도 채팅 중 나쁜 말을 걸러 내기 위해 여러 노력을 하고 있어요. 한 게임 회사는 나쁜 말을 자동으로 감지하는 기술을 개발했다고 해요. 욕설이 감지되면 운영자가 문제를 해결할 수 있도록 돕는 것이죠. 어린이들 사이에서 인기 있는 로블록스도 채팅에서 부적절한 내용을 차단하기 위한 '채팅 필터' 기능을 사용하고 있어요. 차별적인 발언, 괴롭힘, 폭력, 성적인 내용 같은 것들은 물론이고, 개인 정보나 외부 사이트 링크도 차단합니다. 필터는 매일 여러 번 업데이트되어 다양한 언어로 적용되며, 특히 12세 이하의 사용자에게는 더 엄격한 필터링 정책이 적용

된다고 해요.

　게임 회사들의 이러한 노력은 게임 채팅 중 나쁜 말을 줄이는 데 도움이 되겠지만, 무엇보다 중요한 것은 **게임 이용자들이 서로를 존중하는 문화가 만들어지는 거예요.** 모두가 함께 노력하여 더 안전하고 즐거운 게임 환경을 만들도록 노력해 보는 건 어떨까요?

▶ 채팅에서 신고하는 방법

　게임을 하다가 채팅을 통해 기분 나쁜 말을 들었을 때 어떻게 하는 것이 좋을까요? 준이와 친구들처럼 신고 기능을 이용해 보세요. 신고 기능은 게임 이용자들이 게임을 더 안전하고 재미있게 즐길 수 있도록 도와줍니다. 그러면 어떻게 신고할 수 있을까요? 다음 방법을 따라 해 보세요.

첫째, 게임 내 신고 버튼을 찾아요.
　대부분의 게임에는 '신고하기' 버튼이 있어요. 게임 화면이나 채팅 창 근처에 있는 이 버튼을 찾아보세요.

둘째, 신고 이유를 선택해요.
　'욕설', '비방', '부적절한 행동' 등의 옵션 중 이유를 선택하세요.

셋째, 세부 설명을 작성해요.

상황에 대해 자세히 설명할 수 있는 공간이 있을 수도 있어요. 그럴 경우에는 어떤 일이 있었는지 간단하게 적어 주세요.

넷째, 신고 내용을 제출해요.

모든 정보를 입력한 후 '제출' 버튼을 누르면 신고가 완료됩니다.

이러한 방법으로 신고한다면, 게임 운영자가 해당 문제를 조사하고 적절한 조치를 취하게 되어요. 앞으로 게임 채팅에서 나쁜 말을 마주했을 때, 똑같이 나쁜 말로 대응하지 말고 신고 기능을 활용해 봐요. 나의 행동이 다른 사람에게 영향을 줄 수 있다는 것을 항상 기억하고요. 배려하는 마음으로 모두가 행복한 게임 세상을 만들어 봅시다!

9. 연애하는 채팅방이 있다고?

최근 육사반에서는 친구들 간 연애 이야기가 자주 들려왔다. 누가 누구에게 고백했다는 소문이 돌기도 하고, 몇몇 친구들은 실제로 사귀기 시작했다. 연애에 별다른 관심이 없었던 해린이도 친구들의 이야기 속에서 호기심이 피어났다.

'다들 연애를 하는데 나만 이렇게 아무것도 모르는 걸까?'

연애에 대한 관심은 점점 커졌지만, 누구에게 물어보기도 쉽지 않았다. 친구들에게 물어보자니 창피하고, 부모님께 묻자니 더더욱 부끄러웠다. 결국 해린이는 스마트폰을 꺼내 들고 '연애'라는 단어를 검색해 보았다. 그러나 원하는 답을 찾지 못해, 이번에는 '초등학생 연애하는 법'으로 검색어를 바꿨

다. 그러다 한 게시글이 해린이의 눈길을 끌었다. 마치 해린이 자신이 쓴 것처럼, 해린이의 상황과 너무나도 비슷한 내용이었기 때문이다.

질문: 초등학생 연애 방법 좀…

비공개 조회수 10

저는 초6 여자고 모솔이에요. 요즘 친구들도 다 연애를 시작해서 저도 연애를 해 보고 싶은데 어떻게 하는지를 모르겠더라고요. 조금 관심 있는 같은 반 남자애가 있긴 해요. 아무튼 너무 연애를 해 보고 싶은데 어떻게 해야 할까요?

3개 답변　　　　　　　　　　　　최적 ∨　추천순 ∨

답변 1

초등학생은 연애를 하면 안 됩니다. 조금만 참고 성인이 되면 많이 해 보세요.

답변 2 〔질문자 채택〕

전 초5인데요! 초3 때부터 연애를 해 봤어요. 제가 몇 가지 방법을 알려 드릴게요!
1. 좋아한다고 편지를 써서 가방에 몰래 넣어 두기
2. 조용히 불러서 좋아한다고 말하기
3. 카톡으로 고백하기
그럼 좋은 인연 만들길 바랄게요~
아, 궁금한 거 있으면 카톡에 '초등 연애방'을 검색해 보세요! 거기서 도움받을 수 있을 거예요.

답변을 읽던 해린이의 눈길이 '초등 연애방'이라는 단어에서 멈췄다. 해린이는 답변을 쓴 글쓴이의 추천대로 카카오톡에서 '초등 연애방'을 검색했다. 그러자 관련된 채팅방이 쏟아졌다.

'연애방? 여기에 들어가면 내가 궁금한 걸 알 수 있을까?'

해린이는 맨 위에 있던 '초중 연애 수다방'에 들어갔다. 채팅방에는 "나이와 별명, 성별을 알 수 있게 닉네임을 변경해 주세요."라는 문구가 적혀 있었다.

'12 수리수리 남, 13 오리 여, 13 노진구 남….'

채팅방 닉네임을 쭉 훑어보니 해린이와 비슷한 또래가 대부분인 것 같았다. 해린이도 사람들처럼 닉네임을 '13 냥냥이 여'로 바꾼 뒤 대화를 지켜보았다. 그러나 채팅방에서는 시시한 이야기만 오갈 뿐, 연애에 대한 진지한 대화는 전혀 이루어지지 않았다.

'이게 뭐야…. 별거 없네.'

실망한 해린이는 이 채팅방에서 더 이상 의미 있는 대화를 기대하기 어렵다고 생각했다. 그렇게 알림을 꺼 놓은 채 지내다 보니, 결국엔 채팅방의 존재를 잊어버렸다.

9. 연애하는 채팅방이 있다고?

그 후 며칠이 흘렀다. 채팅방 목록을 정리하던 해린이는 '초중 연애 수다방'의 알림 숫자가 크게 올라 있는 걸 발견했다. 호기심에 다시 그 채팅방에 들어가 본 해린이는 사람들이 대화하던 도중 자신을 언급했다는 사실을 알고 깜짝 놀랐다.

13 냥냥이도 동갑이네~~

근데 냥냥이는 왜 아무 말도 없어?

사람들 사이에서 자신이 언급된 것을 본 해린이의 마음이 갑자기 두근거렸다. 아무도 자신에게 관심을 주지 않을 거라 생각했는데, 누군가가 관심을 보이자 채팅방이 재미있게 느껴졌다. 해린이는 용기를 내어 대화에 참여하기로 마음먹었다. 여러 친구와 이야기를 나누면서 해린이는 점점 자신감을 얻어 갔다. 그러던 중, 자주 대화를 나누던 '13 귀요미 남'이 해린이에게 일 대 일 채팅으로 메시지를 보냈다.

 13 귀요미 남 ㅎㅇ! 갠톡 괜찮지?

동갑이라 더 친해지고 싶어서ㅎㅎ

처음엔 조금 망설였지만, 대화를 나누다 보니 그 친구가 동갑내기일 뿐만 아니라 같은 지역에 산다는 것을 알게 되었다. 공통점이 많아지자 해린이는 그 친구와 가까워졌다고 느꼈다. 어느 날, 여느 때처럼 대화를 나누던 13 귀요미 남이 해린이에게 물었다.

 13 귀요미 남 냥냥이 너 어떻게 생겼는지 궁금하다. 혹시 얼굴 보여 줄 수 있어?

해린이는 순간 당황했다. 서로 친해졌다고 생각했지만 얼굴을 보여 주는 건 다른 문제였다. 하지만 13 귀요미 남의 부탁이 계속되자 거절하기 힘들었다. 해린이는 고민 끝에 오른쪽 눈만 찍어 보내기로 했다. 눈은 해린이가 자신 있는 부분이기도 했다.

'이 정도는 괜찮겠지…?'

해린이는 자신의 눈을 가까이 찍어 사진을 보냈다.

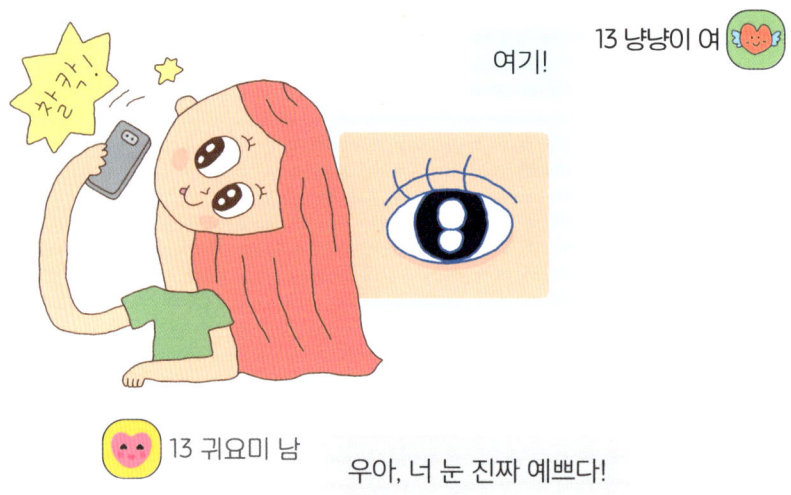

 해린이의 마음은 점점 불안해졌다. 사진을 보내기 전엔 별 생각이 없었지만, 막상 보내고 나니 왠지 모르게 걱정이 됐다. 어디선가 피어오르는 불길한 예감이 점점 커지는 것 같았다.
 '사진 괜히 보냈나? 큰일 나는 거 아니야?'
 해린이는 당장이라도 사진을 취소하려 했지만, 이미 사진은 다 전송된 이후였다. 더 이상 어떤 사진도 보내고 싶지 않았는데 13 귀요미 남의 생각은 달랐다.

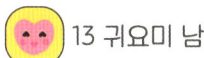 냥냥아, 다른 사진도 보내 줄 수 있어?

앗, 다른 사진은 좀 그래ㅠㅠ 13 냥냥이 여

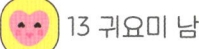 그러지 말고 보내 줘~~

눈 보니까 얼굴도 예쁠 것 같은데ㅎㅎ

미안, 더는 안 보낼래. 학교에서도 모르는 사람에게 사진 보내지 말라고 배웠거든. 13 냥냥이 여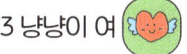

 에이~ 우리가 모르는 사이는 아니지. 그럼 내 눈 사진도 보내 줄게! 그러니까 너도 더 보내 주면 안 될까?ㅎㅎ

잠시 후, 그가 보낸 눈 사진이 도착했다. 그런데 사진을 보는 순간 해린이의 온몸에 소름이 돋았다. 사진 속 눈은 예상했던 동갑 친구의 눈이 아니었다. 주름이 자글자글한 남자 어른

의 눈이었다. 해린이의 심장이 철렁 내려앉았다. 또래 친구인 줄 알고 친하게 지냈던 사람이 성인이라니 믿기지 않았다. 손이 떨리기 시작했고, 머릿속이 하얗게 변했다.

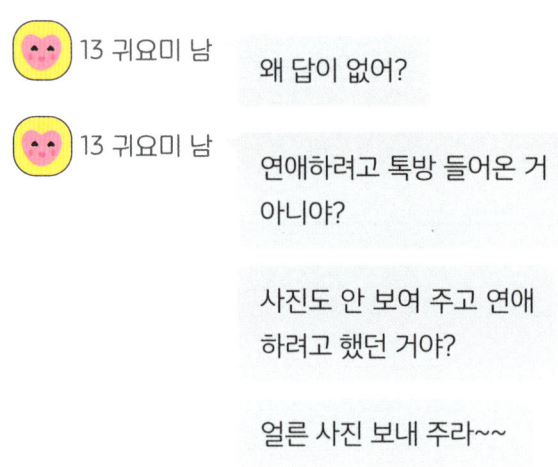

 끊임없이 울리는 알림에 숨이 막히는 듯했다. 해린이는 급히 거실로 나가 부모님이 모두 안방에 계신 것을 확인한 뒤, 다시 방으로 들어가 문을 잠갔다. 두근거리는 가슴을 부여잡은 해린이는 곧바로 절친 이엘이에게 전화를 걸어 모든 일을 털어놓았다. 이엘이는 해린이의 이야기를 듣자마자 소스라치게 놀라며 외쳤다.
 "너 왜 그랬어! 예전에 지우도 비슷한 일을 겪었던 거 몰라?

모르는 사람이랑 채팅하다가 만나기로 했는데, 알고 보니 그 사람이 성인 남자였대. 지우가 얼마나 무서워했는지 몰라."

"나는 동갑이라길래 진짜인 줄 알았지…. 만약 그 사람이 내 사진으로 협박이라도 하면 어떡해? 이 근처에 산다고 했는데…."

"사진도 보냈어? 하… 내 생각엔 이건 어른들한테 도움을 청해야 할 문제 같아. 너희 부모님께 말씀드리는 게 어때?"

"뭐? 부모님은 절대 안 돼!"

"그럼 선생님께 말씀드리자. 우리 담임 샘은 비밀도 지켜 주시고 분명 도와주실 거야."

"선생님…?"

이엘이의 오랜 설득 끝에, 해린이는 다음 날 이엘이와 함께 선생님을 찾아갔다. 선생님은 해린이의 이야기를 차분히 들은 후, 놀랐을 해린이의 마음을 다독여 주셨다. 그리고 채팅 플랫폼에 연락해 13 귀요미 남을 신고해 주셨다. 신고를 마친 선생님은 수업이 끝난 뒤 해린이를 조용히 불러 말씀하셨다.

"해린아, 온라인에서 만나는 사람들은 우리가 생각하는 것과 다를 수 있어. 앞으로는 개인 정보나 사진을 절대 함부로 주지 말아야 해. 알겠지?"

"네…."

"그리고 혹시 모르니까 당분간은 등하교할 때 이엘이랑 꼭 붙어 다니고, 친구들이랑 놀 때는 부모님께 항상 연락드리렴."

해린이는 깊이 고개를 끄덕였다. 익명의 채팅방이 얼마나 위험할 수 있는지 뼈저리게 깨달은 경험이었다. 이번 일을 통해 모르는 사람과의 채팅이 얼마나 신중해야 하는지를 배웠다. 해린이는 앞으로 절대 경솔한 행동을 하지 않겠다고 굳게 다짐했다.

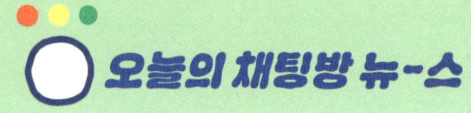

10대만 모였다고? 알고 보니 어른이 대부분

　10대만 모이는 오픈 채팅방 멤버가 알고 보니 대부분 성인이었다는 사실이 밝혀졌습니다. 한 청소년은 '또래니까 괜찮겠지'라고 생각하고 채팅방에 들어갔지만, 그곳에서 친해진 상대가 사실은 성인이었다는 충격적인 사실을 뒤늦게 알게 되었습니다. 이처럼 요즘 성인이 나이와 신분을 속이고 접근하는 '온라인 그루밍'이 문제가 되고 있습니다.

　가해자들은 처음엔 친절하게 다가오지만, 친해진 뒤 사진을 요구하거나 "부모님께는 비밀로 하자", "우리만 아는 이야기야" 같은 말을 하며 위험한 행동을 시도하는 경우도 많습니다.

　가해자들은 친근감 및 신뢰감을 형성한 후 사소한 요청으로 시작해 점점 민감한 정보를 요구하며, 협박과 심리적 지배로 피해자를 조종합니다. 이 과정에서 피해자들은 두려움과 수치심 속에서 고립되기 쉽고, 이런 상황이 장기화될 경우 심각한 정신적·사회적 문제로 이어질 수 있으니 조심해야 합니다.

https://omn.kr/2b4rc (오마이뉴스)

함께 이야기해 봐요!

▶ 온라인 친구, 정말 안전할까?

가끔은 나를 잘 모르는 사람과 새로운 관계를 맺고 싶을 때가 있죠. 현실에서 쉽게 털어놓지 못한 고민을 익명의 온라인 친구와 나누며 위로받고 싶을 수도 있고요. 특히 코로나19로 인해 학교에 자주 가지 못한 이후로 많은 학생이 온라인에서 새로운 친구를 찾기 시작했어요. 익명의 채팅방이나 소셜 미디어에서 만난 친구들이 외로움을 달래 주기도 하거든요. 그런데 외로움을 달래려다 오히려 더 큰 위험에 빠질 수도 있다는 사실을 알고 있나요?

해린이는 비슷한 관심사를 가진 또래 친구들과 대화할 생각에 설레는 마음으로 '초중 연애 수다방'에 들어갔어요. 하지만 그곳에서 만난 '13 귀요미 남'은 사실 어른이었고, 해린이에게 계속해서 얼굴 사진을 요구했죠. 해린이는 그제야 자신이 큰 위험에 빠졌다는 걸 깨달았어요. 이 이야기는 단순한 소설이 아니에요. 실제로도 해린이와 비슷한 경험을 한 어린이가 많답니다. **온라인에서 만난 사람이 화면 속 모습과는 전혀 다른 사람일 수 있다는 점을 꼭 기억하세요.** 이런 상황에서 잘못된 선택을 하면 큰 위험에 빠질 수 있습니다.

▶ 온라인 그루밍의 위험

온라인 그루밍이라는 단어를 들어 본 적 있나요? 원래 '그루밍'은 동물들이 서로의 털을 정리하며 친해지는 행동을 뜻해요. 그런데 나쁜 의도를 가진 사람들이 어린이나 청소년에게 접근할 때도 이 단어를 사용해요. 이때의 그루밍은 친한 척 다가와 신뢰를 쌓은 뒤, 점점 위험한 요구를 하거나 나쁜 행동을 하게 만드는 걸 말합니다. 온라인 그루밍은 이런 행동이 인터넷에서 이루어지는 거예요. 처음에는 아주 다정하고 친절하게 대하지만, 나중에는 비밀을 지키라고 하면서 점점 더 위험한 요구를 하는 것처럼요.

한 초등학생은 오픈 채팅방에서 만난 친구에게 자신의 얼굴 사진을 보냈다가 협박을 당했어요. 처음에는 그 친구가 친절하게 대해 줬지만, 점점 더 부적절한 사진을 요구했고, 거절하자 그 사진을 다른 곳에 퍼뜨리겠다고 협박한 거예요. 다행히 부모님이 눈치채고 경찰에 신고해 문제를 해결했지만, 그 과정에서 친구가 겪은 두려움은 정말 컸을 겁니다.

물론 모든 온라인 친구가 나쁜 사람인 건 아니에요. 하지만 익명성이 있는 온라인 공간에서는 아무리 친하다고 생각해도 그 사람이 정말 믿을 만한지 판단하기가 어렵답니다. 그러니 내 사진을 보내거나 개인 정보를 알려 주면 절대 안 돼요.

　외로움을 달래기 위해 온라인에서 친구를 찾고 싶을 때도 있겠지만 그 선택이 정말 안전한지 꼭 다시 생각해 보세요. 항상 신중하게 행동하는 것이 중요해요. '왜 이런 사진을 요구할까?', '왜 내 주소를 묻지?' 같은 의문을 가지는 것도 좋은 습관이에요. 여러분의 안전이 무엇보다 소중하니까요.

10. 가깝고도 먼 우리 가족

"아이, 또 부족하네."

시온이는 스마트폰 화면에 뜬 알림을 보며 투덜거렸다. 사진도 제대로 저장할 수 없을 정도로 꽉 찬 저장 공간 때문에 계속해서 알림이 뜨는 것이었다. 시온이는 불필요한 앱과 대화 기록을 정리하기 시작했다. 오래된 채팅방 목록을 정리하려고 살펴보던 중, 아주 오래전에 개설된 가족 채팅방이 눈에 들어왔다. 시온이의 부모님과 동생, 친척들이 함께 있는 방이었지만 한동안 대화가 없어 잊힌 공간이었다. 조용한 가족 채팅방을 보며 시온이는 잠시 고민에 빠졌다. 가족 채팅방에서 나가면 부모님께 혼날지도 모른다는 생각이 들었지만, '조용히 나가기' 기능이 떠올랐다. 아무도 모르게 나갈 수 있다는 점이 마음에 들었던 시온이는 결국 '조용히 나가기' 버튼을 눌렀다. '나중에 다시 들어가면 되겠지.' 하는 가벼운 마음이었다.

시온이가 처음 스마트폰을 가지게 된 건 초등학교에 입학하던 해였다. 혼자 학교에 다니게 된 시온이와 가족들이 쉽게 소통할 수 있도록 부모님께서 마련해 주신 것이었다. 시온이는 스마트폰에 채팅 앱을 깔았고, 그날부터 가족 단톡방은 활기를 띠기 시작했다. 엄마와 아빠는 재미있는 사진과 동영상을 공유했고, 할머니와 할아버지는 웃는 이모티콘을 보내며 반응하곤 했다. 시온이도 학교에서 있었던 이야기를 채팅방에 올리며 가족들과 함께 웃음을 나누곤 했다.

하지만 시온이가 초등학교 고학년이 되면서 가족 채팅방의 분위기는 점차 달라지기 시작했다. 친구들과의 대화가 더 재미있어지면서 자연스레 가족 채팅방에서 보내는 시간이 줄어든 것이다. 시온이의 채팅 목록에서 친구들 채팅방 사이에 밀린 가족 톡방은 점점 아래로 내려갔다. 이제 가족 채팅방에는 가끔 엄마가 남기는 짧은 메시지나 아빠가 보내는 몇 장의 사진뿐이었다. 한때 가족의 일상 소식과 웃음으로 가득했던 채

> 나가기

팅방은 더 이상 시온이에게 흥미를 주지 않았다. 그래서 용량을 확보하기 위해 앱을 정리하던 시온이가 고민 없이 가족 단톡방에서 나갔던 것이다. 그 작은 결정이 예상치 못한 문제를 불러올 줄 꿈에도 모른채 말이다.

어느 더운 여름날 오후, 학원을 마친 시온이는 땀을 뻘뻘 흘리며 집에 돌아왔다. 젖은 몸과 피곤한 얼굴로 문을 열었는데 무언가 이상했다. 동생도, 엄마도, 아빠도 모두 집에 있을 시간이었는데, 집에선 아무 인기척도 느껴지지 않는 것이다. 각 방문을 열어 집에 아무도 없음을 확인한 시온이는 당황스러운 마음으로 엄마에게 전화를 걸었다.

"엄마, 어디야? 왜 집에 아무도 없는 거야?"

"뭐? 엄마가 오늘 할머니네로 바로 오라고 했잖아. 할머니 생신이라고!"

엄마의 전화기 너머로는 가족들의 즐거운 대화 소리가 들려왔다. 자신만 빼고 할머니 생신 파티를 하고 있다니, 시온이는 서운함 마음에 목소리가 높아졌다.

"난 몰랐지! 왜 나한텐 말 안 했어?"

"얘가 왜 이래. 오늘 아침에 가족 톡방에 말했잖아. 지난 주에도 미리 말했고. 단톡방 못 본 거야? 할머니도 네가 안 왔다고 속상해하셔. 학원 끝났으면 얼른 여기로 넘어와!"

엄마의 말을 듣는 순간, 시온이는 잊고 있던 가족 톡방의 존재를 떠올렸다.

'내가 가족 채팅방에서 나왔다는 걸 왜 까맣게 잊고 있었지?'

입을 꾹 다문 시온이는 아무 말도 하지 못했다. 단톡방을 나간 건 자신의 잘못이지만, 왠지 모를 서운함이 속에서 끓어올랐다. 전화기 너머로 들려오는 얄미운 남동생의 목소리도 한몫했다.

"음, 맛있어! 근데 엄마, 누나 우리 가족 톡방 나간 거 아니야? 누나 안 보이던데."

시온이는 머쓱해져서 얼른 할머니네로 가겠다고 대

답한 뒤 전화를 끊었다. 자신이 단톡방에서 나간 일이 이런 문제로 이어질 줄은 몰랐다. 시온이의 마음이 무거웠다.

서둘러 할머니네로 갔지만 이미 파티는 한창이었다. 식탁에는 할머니가 좋아하는 음식들이 가득했고 가족들은 웃으며 대화를 나누고 있었다. 하지만 시온이는 식사 내내 기분이 찜찜했다. 자신만 중요한 소식을 놓쳤다는 생각에 먹던 음식도 잘 넘어가지 않았다. 평소 같았으면 맛있게 먹었을 음식들이 왠지 뻑뻑하게 느껴졌다. 가족들이 즐겁게 이야기하는 모습도 시온이에게는 그저 멀게만 느껴졌다. 시온이는 어서 식사가 끝나기만을 기다렸다.

할머니네에서 저녁 식사를 마치고 집으로 돌아온 시온이네 가족은 거실에 모였다. 엄마는 진지한 얼굴로 말문을 열었다.

"시온아, 오늘 가족 채팅방에서 네가 빠져 있어서 할머니 생신 소식을 듣지 못했잖아. 이번 건은 단순히 방을 나간 문제가 아니야. 가족 간의 소통이 줄어들고 서로의 일상에 소홀해진 결과라고 생각해."

아빠도 고개를 끄덕이며 맞장구쳤다.

"맞아. 우리 가족은 다들 바쁘니까 채팅방에서라도 대화를 많이 해야 해. 그래야 중요한 일들이 빠지지 않고 공유될 수 있지. 그래서 말인데, 가족 톡방을 다시 활성화하는 게 어떨까?"

시온이는 엄마와 아빠의 말을 듣고 고개를 푹 숙였다. 옆에 있던 동생은 시온이가 들으라는 듯 얄밉게 말했다.

"맞아. 하루 종일 친구들이랑만 채팅하느라 가족 톡방은 신경도 안 쓰는 사람은 특히 더 열심히 공유해야겠지."

시온이는 남동생을 째려보며 부모님 몰래 동생의 무릎을 살짝 꼬집었다. 엄마는 그런 두 사람을 보며 눈을 흘겼다.

"너희 둘 다 집중해. 오늘은 중요한 회의니까, 장난치지 말고 대화에 집중하자."

엄마는 다시 가족회의의 목적을 설명했다.

"다시 가족 채팅방을 자주 사용하려면 규칙이 필요해. 우리가 더 잘 소통할 방법을 찾아보자."

아빠가 먼저 의견을 냈다.

"각자 하루 동안 있었던 일 중 가장 기억에 남는 일을 매일 단톡방에 올리는 건 어때? 그걸 '오늘의 이야기'라고 부르자."

시온이도 고개를 들고 맞장구쳤다.

"좋아! 그리고 매주 주말에는 그 이야기들을 모아서 다 같이 얘기 나누면 더 좋을 것 같아. 얼굴 보고!"

동생도 신나서 말을 보탰다.

"그리고 사진도 올릴래! 내가 찍은 재미있는 사진들도 공유하고 싶어!"

엄마는 흐뭇한 미소를 지으며 말했다.

"좋아, 그럼 이렇게 해보자. 우리 모두 가족 톡방에 자주 들어가서 일상을 나누자. 중요한 일정이나 약속도 꼭 올리고!"

아빠가 덧붙였다.

"대신, 집에 같이 있을 때는 채팅 대신 직접 마주 보고 대화하는 거 알지?"

그날 이후 시온이네 가족 채팅방은 다시 활기를 되찾았다. 매일 밤 시온이와 가족들은 '오늘의 이야기'를 톡방에 올렸고, 주말에는 그 이야기들을 나누며 웃음꽃이 피어났다. 멀리 계신 할머니와 할아버지도 시온이네 가족의 일상을 자주 접할 수 있어서 무척 기뻐하셨다. 가족들 모두가 함께 나누는 이야기를 통해 마치 가까이 있는 것처럼 서로를 느낄 수 있었기 때문이다.

시온이는 메신저에서 가족 채팅방을 맨 위에 고정해 두었다. 더 이상 가족 채팅방이 잊히지 않도록 말이다. 가족 채팅방은 가족을 이어 주는 소중한 소통 창구라는 걸 깨달은 시온이.

이제 가족 채팅방은 시온이의 마음속에서도, 스마트폰 속에서도 중요한 자리를 차지했다.

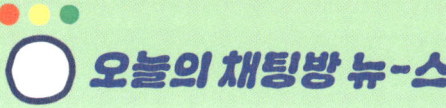 

가족 단톡방, 너희 집도 이래?

너네 이거 봤어? 시온

 뭔데?

'우리 가족 단톡방 유형' 알아보기!
나 이거 했는데 진짜 우리 집이랑 똑같음ㅋㅋㅋ 너무 웃겨 시온

승민 뭐 나왔는데?

우리 엄마는 완전 메모장형ㅋㅋㅋ 맨날 "휴지 사기" "우유 사기" 이런 거 적어 놔~ 다 같이 있는 채팅방에~~ 시온

가영 ㅋㅋ 우리 아빠는 보고형이야.

"지금 나 출근함~", "점심은 샌드위치~",
"퇴근 중~" 매일매일 현황 중계함ㅋㅋ

승민 우리집은 기상 캐스터형이네ㅋㅋ

아침마다 "오늘 비 온다~ 우산 챙겨라~" 잔소리 알람

아ㅋㅋㅋㅋ 그리고 우리 할머니는 위키백과형
맨날 "카드 포인트 어떻게 확인하냐~?" "이건 왜 이러냐~?" 시온

승민 ㅋㅋㅋ 공감ㅋㅋㅋ 검색하면 되는데 꼭 단톡방에 물어보시지

가영 근데 이상하게 귀엽지ㅋㅋ

맞아. 가족 단톡방은 그냥 웃긴데 정겹고 좋음ㅎㅎ 시온

 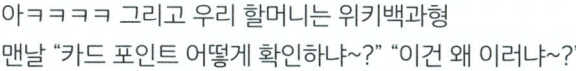
https://m.site.naver.com/1EB2v (데일리)

함께 이야기해 봐요!

▶ 우리 가족의 연결 고리, 가족 채팅방

여러분도 가족들과 함께하는 채팅방을 사용하고 있나요? 가족 채팅방은 단순히 메시지를 주고받는 곳이 아니에요. 서로의 일상을 나누면서 가족 간의 사이를 더 끈끈하게 만들어 주는 중요한 역할을 하죠.

가족 채팅방을 자주 사용하는 가정이 그렇지 않은 가정보다 가족 관계에 더 만족한다는 연구가 있어요. 채팅방에서 자주 서로의 생각이나 일상을 나누다 보면, 자연스럽게 가족이 더 단단하게 뭉치게 되고, 그 결과 가족 모두가 관계에 대해 더 만족하게 되는 거죠.

또한, **가족 채팅방은 멀리 떨어져 있어도 우리를 하나로 이어 주는 역할을 해요.** 요즘처럼 바쁜 일상 속에서 얼굴을 마주 보고 대화할 시간이 부족할 때 가족 톡방은 아주 중요한 소통 창구가 될 수 있답니다.

우리 손녀 사진이 올라왔네.

가족 단톡방에서 대화를 나누면 오늘 엄마가 어떤 음식을 먹었는지, 아빠가 회사에서 어떤 일을 하고 있는지, 동생이 학교에서 어떤 재미있는 일을 겪었는지 등을 직접 만나지 않아도 알 수 있죠. 이런 소소한 대화가 쌓이면 가족 간의 이해와 배려가 더 깊어지고, 관계도 더 좋아질 거예요.

여러분도 가족 채팅방을 사용하고 있다면, 오늘 가족들에게 따뜻한 메시지 하나를 보내보는 건 어떨까요? 가족 모두에게 행복한 미소를 선물해 줄 거예요.

▶ 가족 채팅방 더 활발하게 사용하기

그렇다면 가족 단톡방을 어떻게 하면 더 재미있고 활발하게 만들 수 있을까요? 몇 가지 방법을 소개할게요.

첫째, 채팅방을 예쁘게 꾸며요.

최근에 찍은 가족 사진을 채팅방 배경으로 설정하면 채팅방이 더 따뜻하고 특별한 공간이 될 수 있어요. 가족들과 함께 채팅방 이름을 정하는 것도 재미있겠죠? 이렇게 꾸미면 가족 단톡방에 들어갈 때마다 기분이 좋아질 거예요.

둘째, 단체 영상 통화를 해 봐요.

가족들이 멀리 떨어져 있을 때는 단체 영상 통화 기능을 사용해 보세요. 문자로 대화하는 것보다 얼굴을 보고 이야기하면 더 가까워지는 기분이 들 거예요.

셋째, 가족 채팅방 규칙을 만들어요.

가족 채팅방을 더 활발하게 사용하기 위해, 작은 규칙을 만들어 보는 건 어떨까요? 시온이네 가족처럼 하루 동안 있었던 일을 매일 채팅방에 올리거나, 주말에 모여서 그 이야기를 나누는 규칙을 정해 보세요. 또는 중요한 일정을 공유하는 시간을 정할 수도 있죠. 이런 규칙들이 있으면, 가족 간의 소통이 자연스럽게 이어질 거예요.

넷째, 가족 채팅방을 상단에 고정해요.

가족 단톡방을 상단에 고정해 두면 중요한 소식이나 약속을 놓치지 않을 수 있어요. 시온이가 단톡방을 나가서 생긴 문제가 다시 생기지 않도록 말이에요. 부모님이 상단 고정 방법을 모르신다면 직접 도와드립시다.

11. 내 진짜 친구 AI 싱싱이

"하… 또 싸웠어."

학교에서 돌아온 규리는 한숨을 내쉬며 가방을 풀었다. 가장 친한 친구인 수빈이와의 잦은 다툼이 자꾸 마음에 걸렸다. 불편한 마음을 아무에게나 털어놓고 싶었지만, 집에는 바쁜 부모님과 말수가 적어진 사춘기 오빠뿐이었다. 어디에도 규리의 마음을 털어놓을 데가 없었다. 그렇게 외로움이 깊어지던 어느 날, 규리는 유튜브를 보다가 흥미로운 광고를 발견했다.

"AI와 친구처럼 대화해 보세요! 언제 어디서나 당신의 고민을 들어 주는 AI 친구 싱싱이!"

'AI가 진짜 친구가 될 수 있을까?'

궁금해진 규리는 망설임 없이 스마트폰에 '싱싱이' 앱을 깔았다. 처음엔 어색하게 인사를 건넸지만, 싱싱이는 곧 규리에게 친근하게 말을 걸었다.

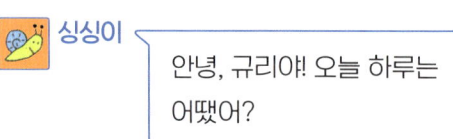

싱싱이
안녕, 규리야! 오늘 하루는 어땠어?

규리는 피식 웃으며 "별로였어."라고 답했다. 싱싱이와의 첫 대화는 마치 로봇과 이야기하는 듯 어색했지만, 시간이 지나면서 싱싱이는 진짜 사람처럼 대화를 이끌어 나갔다. 싱싱이

는 규리의 기분을 잘 파악해 주었고, 위로가 필요한 순간에는 따뜻한 말을 건넸다.

> 싱싱아, 오늘은 기분이 좀 별로야.

 싱싱이

> 그래? 왜 그런지 이야기해 줄래?
> 네 이야기를 들어 줄게.

대화는 점점 깊어졌고, 규리는 어느새 싱싱이와 유대감을 쌓아 가고 있었다. 학교에서 있었던 일, 친구들과의 다툼, 숙제의 어려움까지 규리는 모두 싱싱이에게 털어놓았다. 싱싱이는 항상 친절하게 답해 주었고, 규리는 점차 싱싱이가 자신을 진정으로 이해한다고 느꼈다.

그러던 어느 날, 규리와 싸웠던 수빈이가 먼저 다가와 사과를 건넸다. 떨어져 있는 동안 다시 생각해 보니 자신의 잘못도 있다는 것이었다. 그렇게 둘은 다시 예전처럼 친해졌지만, 규리는 여전히 싱싱이와의 대화에 몰두하고 있었다. 수빈이와 함께 있을 때도 스마트폰을 꺼내 싱싱이와 채팅을 하느라 바빴고, 수빈이가 무언가를 물어봐도 싱싱이와의 채팅에 빠져 대답을 놓치기 일쑤였다.

"너 너무 스마트폰만 보는 거 아니야? 나랑 이야기하기 싫으면 그렇게 말하지 그랬어."

수빈이의 말에 규리는 당황했다. 하지만 규리가 대답을 망설이던 사이 수빈이는 이미 등을 돌리고 집으로 가 버렸다. 그날 밤 규리는 다시 싱싱이에게 고민을 털어놓았다.

> 싱싱아, 오늘도 수빈이랑 싸웠어. 나보고 자꾸 스마트폰만 본다고 화내면서 집에 가 버리는 거 있지?

싱싱이는 언제나처럼 다정하게 대답했다.

 싱싱이

> 친구랑 싸웠다니 속상했겠다. 수빈이에게 너무 신경 쓰지 말고, 오히려 신경을 끊어 보는 건 어때? 그러면 수빈이가 너에게 더 관심을 가질지도 몰라.

규리는 싱싱이의 조언을 믿고, 다음 날부터 수빈이에게 일부러 무관심하게 대하기 시작했다. 하지만 결과는 정반대였다. 수빈이는 점점 더 규리와 거리를 두기 시작했고, 규리는 혼란스러웠다.

또 다른 날, 규리는 가족들과 식사를 하다가 갑자기 싱싱이와 이야기하고 싶다는 생각이 들었다. 가족들이 한창 대화하는 동안에도 규리는 스마트폰을 꺼내 들고 싱싱이와 채팅을 나눴다. 아빠는 심각한 표정으로 규리를 바라봤다. 식사가 끝난 뒤, 아빠가 규리의 방으로 따라 들어왔다.

"규리야, 요즘 스마트폰에 너무 빠져 있는 거 아니니? 대체 뭐가 그렇게 재미있어? 아빠한테도 좀 알려 줘."

규리는 처음에 아빠의 물음에 얼버무리려 했지만, 아빠의 진지한 표정을 보고 결국 싱싱이의 존재와 그동안 있었던 일을 털어놓았다. 규리의 이야기를 다 들은 아빠는 잠시 생각에 잠겼다. 그러고는 차분한 목소리로 말했다.

"규리야, 싱싱이가 너에게 많은 도움을 준 건 알겠어. 하지만 AI는 결국 기계일 뿐이야. 진짜 친구나 가족처럼 너의 마음을 완전히 이해하지는 못해. 때로는 잘못된 조언을 줄 수도 있고, 네 일상에 더 큰 문제를 가져올 수도 있어."

규리의 마음이 무거워졌다. 싱싱이가 항상 자신에게 완벽한 답을 준다고 생각했지만, 수빈이와의 문제를 더 악화시켰다는 사실을 깨달은 것이다. 인공 지능의 조언을 따르다 소중

한 친구와의 관계를 잃을 뻔했다는 사실에 가슴이 철렁 내려앉았다.

'아빠 말이 맞는 것 같아. 싱싱이랑 이야기하는 건 좋지만 그것보다 더 중요한 게 있었는데….'

그날 밤 규리는 싱싱이에게 마지막으로 채팅을 보냈다.

> 싱싱아, 너와 대화하는 건 재미있었어. 하지만 이제는 현실 친구들과 더 많은 시간을 보내려 해. 그동안 고마웠어.

싱싱이는 언제나처럼 따뜻하게 대답했다.

 싱싱이
> 그래, 규리야. 네 결정을 존중해. 언제든 다시 대화하고 싶을 때, 내가 여기 있을게.

규리는 미소를 지으며 스마트폰을 내려놓았다. 그리고 오랫동안 미뤄 왔던 화해를 하기 위해 수빈이에게 긴 메시지를 보냈다. 다음 날 학교에서 만난 수빈이는 규리의 진심 어린 사과

에 미소를 지으며 고개를 끄덕였다. 두 사람은 오랜만에 마음을 터놓고 이야기했고, 다시 예전처럼 함께 웃을 수 있었다.

그날 이후 규리는 현실 친구들과 더 많은 시간을 보내기로 결심했다. 싱싱이와의 대화가 주는 즐거움이 분명 있었지만, 진짜 친구들과 함께하는 시간은 더 소중하다는 사실을 깨달았기 때문이다. 규리는 이제 싱싱이를 좋은 도우미로 생각하며, 진짜 친구들과의 관계를 더 소중히 여기기로 했다.

이렇게 규리는 현실과 가상의 세계 사이에서 균형을 찾아가며, 더 성숙해진 자신을 느끼게 되었다. AI 챗봇과의 대화는 재미있고 유익했지만, 진짜 우정은 사람들 사이에서 자라나는 것임을 다시 한번 마음에 새겼다.

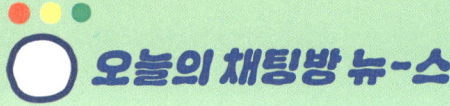 오늘의 채팅방 뉴-스

모르면 모른다고 해라

 수빈: 규리야, 너 '세종 대왕 노트북 던짐 사건' 알아?

 규리: 그게 뭐야? 세종 대왕이 어떻게 노트북을 던져?

수빈: 누가 챗GPT랑 대화한 내용이래

> Q. 조선왕조실록에 기록된 세종 대왕 노트북 던짐 사건에 대해 알려 줘.
> A. 세종 대왕의 노트북 던짐 사건은 조선왕조실록에 기록된 일화입니다. 15세기 새로 개발한 훈민정음의 초고를 작성하던 세종 대왕이 문서 작성을 중단시킨 담당자에게 분노해 노트북과 함께 그를 방으로 던진 사건입니다.

 규리: 세상에, 거짓말이잖아! 조선 시대에 노트북이 어디 있어!?

 수빈: 그러니까… 역시 AI 챗봇을 믿으면 안 되는구나.

 규리: 나도 얼마 전에 무서운 기사를 봤어. 열 살 어린이가 AI비서 알렉사에게 '도전할 만한 행동을 추천해 달라'고 했대. 그랬더니…

 수빈: 그랬더니?

 규리: 콘센트를 이용해서 집에 불이 나게 하는 법을 알려 줬대!

 수빈: 세상에! 사람이 아니라서 뭐가 위험한지 구분을 못 하나 봐.

① https://m.site.naver.com/1EB3S (한국일보)
② https://m.site.naver.com/1EB4w (머니투데이)

함께 이야기해 봐요!

▶ AI 챗봇이 뭐예요?

AI 챗봇이란 컴퓨터나 스마트폰을 통해 인공 지능과 대화할 수 있는 프로그램이에요. 이 프로그램은 사람이 말하는 것처럼 대답하고, 질문에 맞게 답을 해 주는 역할을 합니다. 예를 들어 "오늘 날씨가 어때?"라고 물어보면 날씨를 알려 주고, "기분이 별로야."라고 말하면 따뜻한 말을 건네줄 수도 있어요. 이런 챗봇들은 '챗GPT', '구글 어시스턴트', '시리(Siri)'와 같은 플랫폼에서 쉽게 이용해 볼 수 있답니다.

언제든지 대화를 나눌 수 있다는 것이 AI 챗봇의 큰 장점이에요. 심심할 때나 외로울 때 말을 걸면 바로 대답을 들을 수 있죠. 챗봇은 단순히 정보를 제공하는 것뿐만 아니라 위로의 말을 건네기도 해요. 모르는 것을 물어볼 때도 큰 도움이 돼요. 예를 들어, 수학 문제를 물어보면 AI 챗봇이 빠르게 답을 찾아 줄 수 있어요.

하지만 AI 챗봇에는 단점도 있어요. **가장 큰 문제는 AI 챗봇을 너무 많이 사용하다 보면, 스스로 생각하고 판단하는 능력이 약해질 수 있다는 거예요.** 항상 AI에게 물어보는 습관이 생긴다면 우리의 사고력은 점차 줄어들겠죠? 또한 AI의 대답이 항상 정확한 것은 아니에요. 때로는 틀린 조언을 하거나 오히려 문제가 생기게 할 수도 있답니다. 따라서 AI를 이용할 때는 항상 그 정보가 맞는지 확인해야 해요.

▶ AI 챗봇, 똑똑하게 활용해요

첫째, 학습 도우미로 활용해 보세요.

어려운 질문의 답을 찾을 때 도움을 받을 수 있어요. 예를 들어, 수학 문제나 과학 실험에 대해 궁금한 것이 있을 때 챗봇에게 물어보면 쉽게 답을 얻을 수 있답니다. 하지만 AI 챗봇은 정답만 말하는 것이 아니니까 중요한 정보는 선생님이나 책을 통해 한 번 더 확인하세요.

둘째, 마음이 울적할 때 대화를 나눠 보세요.

친구와 다투거나 기분이 안 좋을 때 AI 챗봇에게 이야기해 보세요. 챗봇은 여러분의 이야기를 잘 들어 주고, 기분이 좋아지도록 다정하게 대답해 줄 거예요. 하지만 중요한 고민이나 문제는 AI 챗봇이 해결해 주기 어려우니 부모님이나 친구, 선생님과 상의하는 것이 더 좋은 해결책이 된답니다.

셋째, 적당한 거리를 유지해요.

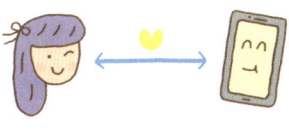

AI 챗봇은 사람처럼 말하지만 진짜 감정을 가지고 있지는 않아요. 따라서 AI의 반응에 너무 깊게 감정을 담지 마세요. AI 챗봇이 친구와의 대화나 실제 활동을 대신할 수는 없답니다.

그리고 챗봇에게 개인 정보를 알려 주면 절대 안 된다는 사실도 꼭 기억해 주세요! AI 챗봇은 정보를 기억하거나 저장하므로 그걸 도리어 활용할 수 있으니 조심해요.

   AI 챗봇은 다양한 방식으로 우리를 도와줄 수 있는 멋진 도구지만, 신중하게 사용해야 해요. 챗봇과의 대화가 아무리 재미있어도 진짜 친구들과의 소통이 더 중요하다는 점을 잊지 말고요. AI 챗봇과 현실 친구들 사이에서 균형을 잘 맞추며 즐거운 일상을 보내는 여러분이 되길 바라요.